STRESS
PAUSE

Wege zu Entspannung, Erholung, Erneuerung

Für Denis

Titel der englischen Originalausgabe:
The Total De-stress Plan

Übersetzung: Dieter Krumbach,
Nürnberg

Editorial Manager: Judith More
Art Director: Penny Stock
Senior Art Editor: Barbara Zuñiga
Executive Editor: Zia Mattocks
Editor: Sarah Sears
Picture Researcher: Elena Goodinson
Production Manager: Garry Lewis

Redaktion dieser Ausgabe:
Dr. Iris Hahner, Beate Kunze
Covergestaltung:
HildenDesign, München
Coverabbildung: Kirchherr / Mauritius
Images, Mittenwald
Satz: Redlich-design, Weidenberg

Wichtiger Hinweis:
Für die Anwendung und Qualität der
Produkte, Verfahren, Kräuterzubereitungen und Öle, die in diesem
Buch beschrieben sind, können die
Autorin und der Verlag nicht haftbar
gemacht werden. Beachten Sie grund-
sätzlich die Anweisungen der Hersteller
und suchen Sie im Zweifelsfall sach-
kundigen Rat. Verwenden Sie keine
Kräuterzubereitungen oder Öle, ohne
vorher einen Fachmann konsultiert zu
haben, wenn Sie schwanger sind,
regelmäßig oder über einen längeren
Zeitraum Medikamente einnehmen oder
an einer Überempfindlichkeit der Haut
leiden.
Die Ratschläge, Ideen und Informationen in diesem Buch sind vom Verlag
sorgfältig erwogen und geprüft, dennoch kann eine Garantie nicht über-
nommen werden. Eine Haftung des
Verlages und seiner Beauftragten für
Personen-, Sach- und Vermögens-
schäden ist ausgeschlossen.

Beth MacEoin

STRESS PAUSE

Wege zu Entspannung, Erholung, Erneuerung

GONDROM

Inhalt

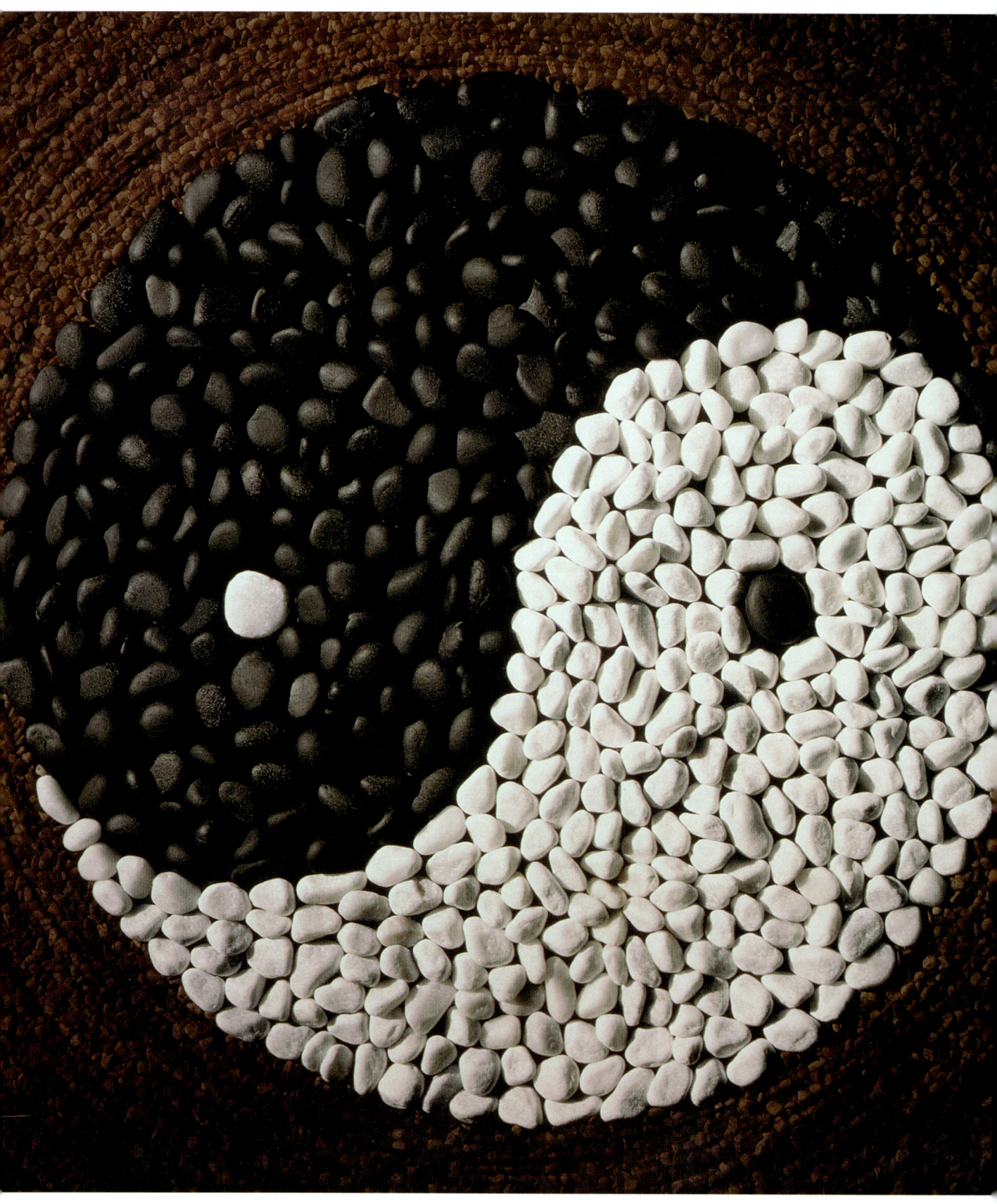

Einleitung

Stress gibt es überall. Es kommt nur darauf an, wie wir mit ihm umgehen. Ob wir Stress als etwas Positives oder Negatives interpretieren, hängt von vielen Faktoren ab: von unserer geistigen und emotionalen Verfassung bis hin zum Arbeitsplatz. Jeder hat seine eigene Meinung zu Stress: Manche Menschen denken, es sei ein Zeichen von Schwäche, sich darüber zu beklagen, für andere ist er das Schlimmste in unserem modernen Leben. Eines ist sicher: Wir können ihn nicht ignorieren.

Stress ist nun mal da, also müssen wir Wege finden, ihn unter Kontrolle zu bekommen und zu unserem Vorteil zu nutzen. Seine kreativen Seiten ermöglichen uns Aktivitäten, für die wir Kraft oder geistige Klarheit benötigen. Durch praktische Methoden der Stressbewältigung und Entspannung finden wir Ausgleich.

LINKS: *Das Yin-Yang-Symbol versinnbildlicht das optimale Gleichgewicht.*

Mit diesem wichtigen Gleichgewicht in unserem Leben entdecken wir, dass wir den Stress beherrschen können und ihm nicht ausgeliefert sind. Sobald wir effektiv mit Stress umgehen, werden wir emotional stabiler, denken klarer, arbeiten produktiver und fühlen uns körperlich fitter. Unsere Reaktion auf Stress, hat große Auswirkungen auf alle Lebensaspekte. Deshalb muss jeder erfolgreiche Ansatz zum Stressmanagement aus einer ganzheitlichen Perspektive erfolgen.

Anti-Stress-Techniken nutzen

Jeder wird sich aus diesem Buch das Passende heraussuchen. Denn die Grundidee der alternativen Heilmethoden ist, jeder Mensch ist einzigartig und folglich müssen medizinische Ratschläge genau auf seine emotionalen und geistigen Eigenschaften zugeschnitten sein. Das gilt gleichermaßen für dieses Buch wie für medizinische Konsultationen. Ziel der Ratschläge auf den folgenden Seiten ist es daher, jedem Leser einen Aktionsplan an die Hand zu geben, mit dem Stress bewältigt werden kann – egal ob er geistiger, seelischer oder physischer Art (oder eine unglückliche Kombination aller drei) ist. Wir werden sanft, aber beharrlich ermutigt, diesen positiven Änderungen in unserem Leben Raum zu geben.

Mancher glaubt vielleicht, eine radikale Korrektur von Gesundheit und Lebensstil zu benötigen, weil er sich ständig erschöpft und ausgebrannt fühlt. Probleme sind ständig präsent, man leidet an leichten Kopfschmerzen, das Essen schmeckt nicht oder man ist oft krank. Falls das auf Sie zutrifft, dann lesen Sie das Buch durch. Mithilfe der Anti-Stress-Grundprinzipien schaffen Sie eine solide Basis, die Ihnen nicht nur hilft zu entspannen und auszuruhen, sondern auch mehr Energie bringt, gesunden Schlaf fördert und das Immunsystem stärkt, so dass ständige Infekte bald der Vergangenheit angehören.

Wer einen im Grunde gesunden und ausgeglichenen Lebensstil hat, doch in einem Bereich – sei es Sport, Ernährung oder Entspannung – Nachholbedarf hat, kann direkt zu den betreffenden Kapiteln übergehen, um dort die passende Strategie zu finden. Kapitel 2 zeigt wie Sie die zutreffende Stress-Art erkennen.

Das Buch kann einfach und flexibel genutzt werden. Jedes Kapitel ist in sich abgeschlossen. Trotzdem zieht sich durch den Text als Ganzes ein roter Faden: Vom Grundverständnis, die negativen Wirkung von Stress auf Geist und Psyche, gehen wir zu praktischen Strategien über, mit denen körperlichen Problemen begegnet werden kann, die sich als Konsequenz aus andauerndem Stress ergeben.

Doch bedeutet das keine harte Arbeit. *Stress-Pause* wurde so konzipiert, dass keine quälenden, asketischen oder in einen geschäftigen Leben kaum realisierbaren Elemente enthalten sind.

Sobald wir den Nutzen eines ausgeglicheneren Lebensstils spüren, wird es leichter die Grundidee dieses Buches zu einem dauerhaften Bestandteil unseres Lebens zu machen.

RECHTS: *Werden Sie sich über Ihre Bedürfnisse klar; dann können Sie aus diesem Buch den optimalen Nutzen ziehen.*

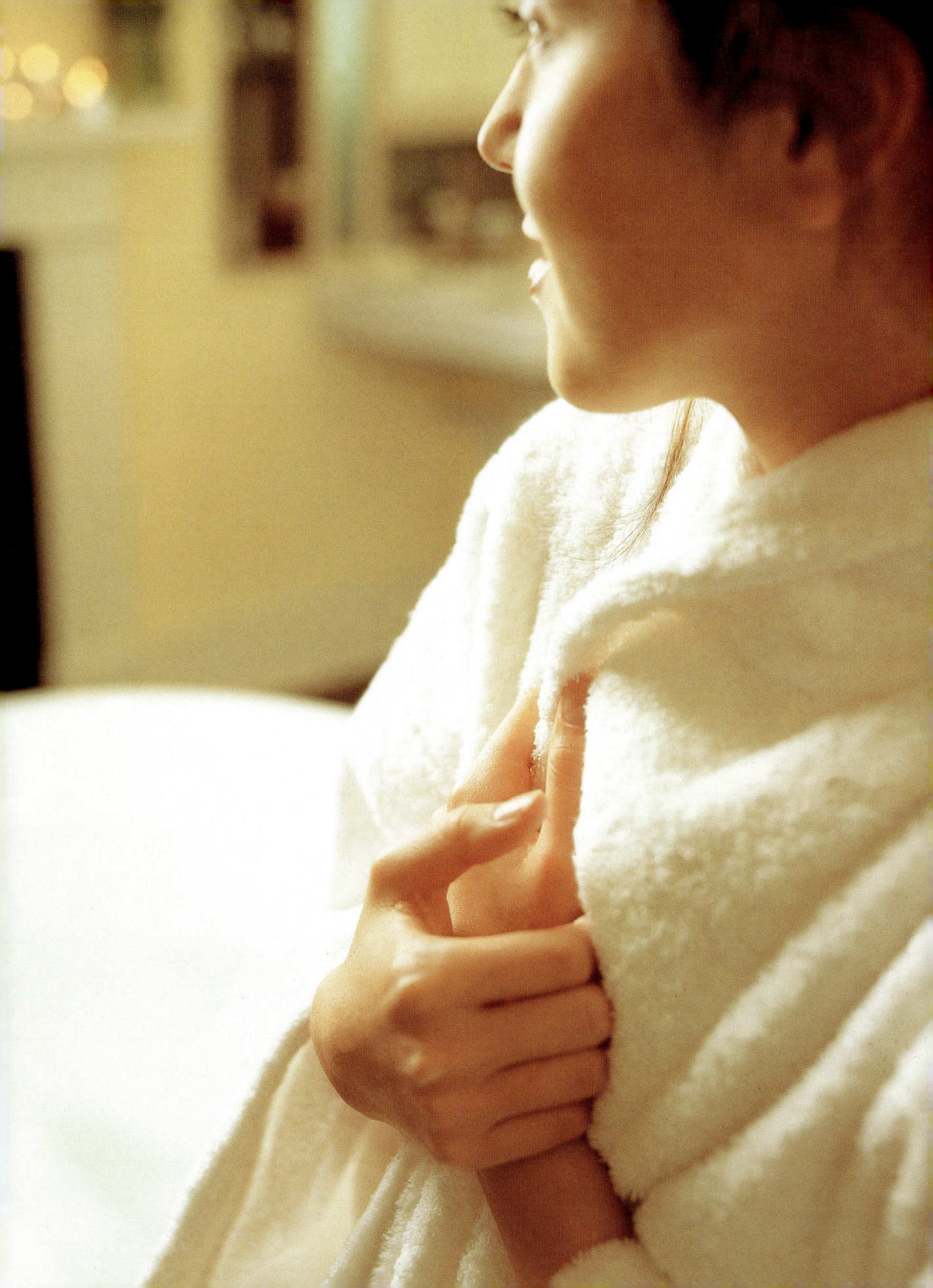

1 Gut versus schlecht: Die zwei Seiten von Stress

Der Stress: Freund oder Feind?

Es stimmt: Was der eine stressig empfindet, ist für den anderen eine Stimulation. Was der eine mit Furcht und Grauen betrachtet, ist für den anderen der „Kick", der ihn zu Höchstleistungen anspornt.

Teilweise liegt es daran, dass sich Stress in sehr vielen Formen äußern kann: ein enger Termin bei der Arbeit, öffentliches Reden, eine hitzige Diskussion mit jemandem, der uns nahe steht, eine schwere Krankheit, Umzug, finanzielle Sorgen, Nachwuchs, das Ende einer Beziehung oder auch sich zu verlieben, eine Reise machen oder einen neuen Arbeitsplatz antreten.

Manches davon mag Sie überraschen, denn hier sind ja auch erfreuliche Dinge aufgezählt, die wir uns sogar herbeiwünschen: sich zu verlieben oder ein neuer Arbeitsplatz, der uns die Karriereleiter hinaufklettern lässt. Eigentlich ist Stress doch mit negativen Ereignissen verknüpft, oder?

LINKS: *Ein glückliches Leben hängt von der Balance zwischen positivem und negativem Stress ab.*
RECHTS: *Angenehme Erfahrungen sind Verbündete im Kampf gegen negativen Stress.*

LINKS: *In einem Verkehrsstau stecken zu bleiben kann negativen Stress auslösen.*

In Wirklichkeit ist Stress etwas Komplexes und Faszinierendes, wie wir sehen werden. Eine Stressreaktion wird ausgelöst, wenn wir unter Druck stehen oder uns einer ungewohnten Situation stellen müssen. Je nachdem, wie gut wir Stress bewältigen, ist eine solche Situation bedrohlich oder erwünscht. Das wiederum beeinflusst unsere Fähigkeit, Änderungen zu begrüßen und anzunehmen. Wir müssen unsere emotionale, geistige und körperliche Belastbarkeit ausbauen, damit wir uns ständig wohlfühlen und damit Stresssituationen besser angehen und bewältigen können. Der erste Schritt dazu ist, den Unterschied zwischen positivem und negativem Stress zu erkennen.

Den Feind besiegen: Negativen Stress bewältigen

Das folgende Szenario kennen viele Menschen. Wir sind zu lange ausgegangen, haben nach einem langen Arbeitstag auf leeren Magen zu viel getrunken und fühlen uns dementsprechend. Am nächsten Morgen kommen wir nicht aus dem Bett und müssen zur Arbeit hetzen, sind schlecht gelaunt, übermüdet und kaum imstande, effektiv zu arbeiten. Wir schlucken Schmerztabletten, um die bohrenden Kopfschmerzen loszuwerden, und trinken viel zu wenig. Die Dehydration wird nicht beseitigt, was die Kopfschmerzen noch verschlimmert.

Wir gehen später aus dem Haus und geraten in einen Stau, der sich zur sonst üblichen Zeit noch nicht gebildet hat. Wenn wir auf der Arbeit ankommen, sind wir umso gereizter und fühlen uns zerschlagen. Am Vormittag fühlen wir uns leer und ausgelaugt, also trinken wir schnell einen starken Kaffee und essen einen Energieriegel, bevor wir zu der wichtigen Besprechung gehen. Dadurch

OBEN: *Zeitmanagement ist eine unschätzbare Hilfe bei der Verringerung von negativem Stress.*

bekommen wir einen kurzen Kick, doch sobald der Effekt nachlässt – viel schneller, als wir erwartet hätten –, sind die Kopfschmerzen schlimmer und die Konzentrationsfähigkeit ist hinüber. Wenn wir dann in der Besprechung um unseren Beitrag gebeten werden, bringen wir nichts mehr hervor.

Gegen Mittag wollen wir nur noch nach Hause und schlafen. Stattdessen essen wir noch mehr Süßigkeiten, weil wir uns so schlecht fühlen. Nach ein paar Keksen oder einem Sandwich fühlen wir uns unwohl und sind frustriert. Nach der Pause müssen wir uns zur Arbeit zwingen, wobei wir an diesem Tag auf jeden gereizt reagieren, der uns zu nahe kommt. Wir warten nur noch auf den Feierabend.

Wenn wir endlich zu Hause ankommen, denken wir an das Chaos, das uns dort erwartet: all die Arbeiten, die wir schon ewig aufgeschoben haben. Wir wünschen uns nur noch in eine schöne, ordentliche Welt einem mit vollen Kühlschrank und leiser Musik von der Lieblings-CD.

So extrem und vorhersehbar dieses Sze-nario sein mag – wenn wir ehrlich sind, kommen uns einige Aspekte bekannt vor. Das Ganze ist hier so ausführlich dargestellt, um zu zeigen, wie viele stressige Faktoren vermieden oder reduziert werden könnten. Es soll als Beispiel dienen, wie Stress bewältigt werden kann, wenn man darauf eingestellt ist und weiß, wie sich Stress durch eine Änderung des Lebens-stils in Energie verwandeln lässt. Vor allem lernen wir die Tatsache verstehen, dass Stress an sich neutral ist – es ist die Art, wie wir auf ihn reagieren, die ihn zu etwas Negativem oder Positivem werden lässt.

Positiver Stress

Wie könnte das obige Szenario aus einer anderen, stressfreien Perspektive aussehen?

Wir wissen, dass morgen eine Besprechung angesetzt ist, zu der wir in Form sein müssen. Also lehnen wir die Einladung zu einem

Ausgeglichenheit finden und erhalten

Kneipenbummel dankend ab und verschieben ihn auf das Wochenende.

Zu Hause haben wir genug Zeit, ein warmes Bad mit ätherischen Ölen zu nehmen. Danach fühlen wir uns frisch und freuen uns auf den Abend. Nach dem Abendessen ist Zeit, die wichtige Besprechung am nächsten Tag vorzubereiten – doch nicht bis in die Nacht, denn wir wollen richtig abschalten und gut schlafen.

Am nächsten Morgen sind wir ausgeschlafen. Wir sind heiter und aufmerksam. Im Auto hören wir eine CD, die uns immer in gute Stimmung versetzt. Auf der Arbeit trinken wir eine Tasse grünen Tee. So gehen wir mit klarem Kopf und voll Energie in den Arbeitstag.

Wir essen gesund: Salat mit Vollkornbrot, danach frisches Obst, dazu eine Flasche Mineralwasser mit ein paar Spritzern Zitronensaft. Die gute Tasse Kaffee, die wir dann noch trinken, ist eine „Sünde", die wir prima verkraften, denn unser Tag war bislang positiv und erfreulich.

Da wir entspannt und zuversichtlich sind, tragen wir zur guten Atmosphäre am Arbeitsplatz bei. Wenn wir Feierabend machen und wieder zu Hause angekommen sind, nehmen wir ein entspannendes Bad und schauen uns mit einem Glas Wein – nur einem natürlich! – ein interessantes Video an.

Wir beabsichtigen durch Stressmanagment Balance zu finden. Sobald wir diese kennen, entdecken wir, dass es in unserem Leben genügend positiven Stress gibt, um uns zu motivieren und zu interessieren – doch auch genug Entspannungsfreiraum, in dem wir unsere emotionalen, geistigen und physischen Batterien wieder aufladen können.

Wenn wir die obigen Szenarien als Arbeitsbeispiele nehmen, erkennen wir, dass es um eine gesunde Balance zwischen Kontrolle und Spontaneität geht. Mit anderen Worten: Wenn wir die Prinzipien des zweiten, positiven Szenarios rigider und radikaler umsetzen, sind wir vielleicht genauso gestresst wie im ersten, weil dann unser Leben zu geordnet und zwanghaft würde. Viele Kollegen und Freunde würden es relativ schnell und gründlich satt haben, sich mit einem Heiligen in ihrer Mitte abzugeben, so dass wir bald isoliert dastehen würden.

Das negative Szenario tendiert zu weit in die andere Richtung. Aus gesunder Spontaneität wird eine Abfolge von negativen Ereignissen, wodurch mit einem Domino-Effekt der Stress weiter zunimmt. Das ist nicht gut für unsere Freunde, Kollegen oder die Familie, denn das Ergebnis dieser ständigen Anspannung sind extreme Stimmungsschwankungen.

Der Hauptunterschied zwischen negativem und positivem Stress lässt sich so zusammenfassen: Negativer Stress belastet uns, wir bewältigen unsere Aufgaben nicht mehr, wir sind kraftlos, unentschlossen, gereizt und ängstlich (wobei die Angst oft in keinem Verhältnis zu ihrem Auslöser steht). Positiver Stress hingegen erzeugt die entgegengesetzte Reaktion. Wir fühlen uns frisch, entschlossen und voller Energie und bewältigen die anstehenden Arbeiten problemlos.

LINKS: *In ein warmes Bad einzutauchen ist wohl eine der angenehmsten Arten, sich zu entspannen.*

2 Unter Druck: Negative Auswirkungen auf Geist, Psyche und Körper

Viele Menschen sagen automatisch, sie seien total gestresst, machen sich aber nicht die Mühe, einmal einzuhalten und alle emotionalen, geistigen oder körperlichen Faktoren zu analysieren, die derzeit eine Rolle in ihrem Leben spielen. Es ist ein Irrglauben, dass alles Negative durch Stress bedingt ist.

Diese häufige Reaktion wird noch durch Zeitungen, Zeitschriften, Fernsehen und das Internet verstärkt. Die Medien tun ihre Arbeit sehr überzeugend, sie suggerieren uns, dass auch wir gerade heute an einer epidemischen, stressbedingten Krankheit leiden. Diese Gesundheitsprobleme sind äußerst vielfältig und haben einen extrem negativen Effekt auf unser geistiges, emotionales und physisches Wohlbefinden und Gleichgewicht. Stressbedingte körperliche Probleme können schließlich auch eine nachteilige Wirkung auf unsere persönlichen und beruflichen Beziehungen haben, wodurch wir uns erst recht überlastet fühlen und negativen Einflüssen noch stärker ausgesetzt sind.

LINKS: *Die Hektik des modernen Lebens kann alle möglichen negativen Empfindungen von Druck und Anspannung auslösen.*

Viele sind sensibel genug, um recht schnell die charakteristischen Symptome und zu bemerken, die eine Reaktion auf zu viel negativen Stress sind: Dazu gehören ein immer wieder trocken werdender Mund, feuchte Handflächen, schnelles oder flaches Atmen bis zu einem Gefühl leichter Übelkeit oder Benommenheit. Wenn wir lernen wollen, Stress möglichst effektiv und positiv zu managen, müssen wir diese Symptome und ihre Auslöser erkennen.

Wie in vielen anderen Lebenslagen können wir Lösungen nur dann finden, wenn wir das Problem genau verstehen. Das gilt besonders für das Stressmanagement. Wir müssen wissen, warum der Körper auf Druck und Stress auf eine bestimmte Art reagiert. Dann können wir Geist, Psyche und Körper besser darauf vorbereiten, mit Problemen in einer ausgeglichenen und positiven Weise fertig zu werden.

Das Gefühl der Machtlosigkeit in einer scheinbar verfahrenen Lage löst noch mehr Stress aus und erzeugt eine Negativspirale. Die Kontrolle gewinnt man durch einfache, Stress reduzierende Techniken wieder zurück. Das allein nimmt schon Druck, der durch Stress erzeugt wird.

Wie wir mit Stress umgehen können

Hans Seyle, der „Vater des Stress", untersuchte in den 1930er Jahren als erster Wissenschaftler die Auswirkung von Stress auf das menschliche Verhalten. Die von Seyle erforschte Stressreaktion wurde bald als Allgemeines Adaptationssyndrom bezeichnet. Bei gesunden Menschen hat dieses Syndrom die Funktion, optimale Ausgewogenheit (Homöostase) zu gewährleisten, so dass der Körper zu einem bestimmten Zeitpunkt nicht aus dem Gleichgewicht gerät.

Wirkt ein Stressfaktor auf den Körper ein, so kann dies die Homöostase bedrohen. Stressfaktoren finden sich überall: bei einem Schock, als Unfallzeuge, bei aufregenden Nachrichten, Trauerfall, Schwangerschaft, Arbeitslosigkeit oder knappem Termin in der Arbeit, bei Krankheiten, Depressionen oder wenn wir unter extremer Ängstlichkeit leiden.

Egal was den Stress auslöst – sobald der Körper einen Stressfaktor erkennt, ruft er Alarm aus. Das wiederum bewirkt eine Reihe von Maßnahmen – die Aktivierung entsprechender physiologischer Abwehrmechanismen. Zunächst erleben wir eine Phase erhöhter

UNTEN: *Wenn wir gelernt haben, uns zu entspannen, ziehen wir daraus in jeder Situation neue Kraft.*

geistiger und physischer Energie bei gleichzeitiger körperlicher Anspannung. Wenn dieser Zustand jedoch zu lange andauert und nicht von einer Phase geistiger und körperlicher Entspannung abgelöst wird, kommen wir in das Schluss-stadium: Erschöpfung, bei der chronische Müdigkeit ein ernstes Problem darstellt.

Dieses Prinzip gilt zwar immer, doch reagiert jeder Mensch anders auf das, was er als stressig empfindet. Manche können mit Druck und Veränderungen leichter umgehen. Sie empfinden Stress positiv, der für andere negativ ist. Wenn wir die Reaktionen der Menschen auf ein Ereignis wie z.B. einen Umzug betrachten, haben wir ein einfaches praktisches Beispiel, dass der eine über mehr Anpassungsfähigkeit und Flexibilität verfügt als der andere.

Der eine zieht häufiger um, weil er sich durch die Herausforderung stimuliert fühlt. Für jemanden, der glaubt, er brauche eher eine Grundsicherheit und ein geordnetes Zuhause, um sich sozial und beruflich wohl zu fühlen, sind Umzüge dagegen höllischer Stress.

Wenn wir einmal die Extreme beiseite lassen, können wir aus diesem Beispiel schließen, dass der Umzugswillige mehr adaptive Energie hat als der häusliche Mensch und leichter mit dem Alltagsstress fertig wird. Trotzdem muss derjenige, der bereitwillig Herausforderungen annimmt, ständig auf die Warnsignale seines Körpers achten.

Kämpfe-oder-flieh!

Wenn wir mit einer stressigen Situation konfrontiert werden, reagiert unser Körper mit, der sogenannten Kämpfe-oder-flieh-Reaktion: Stell dich dem Tiger oder renn um dein Leben! Diese Blitzreaktion soll es hauptsächlich ermöglichen, in einer bedrohlichen Situation schnell und entschlossen etwas zu tun. Jede auftretende Änderung soll uns dabei helfen, die in einer Krisensituation angemessene Reaktion zu finden – wir können uns in den Kampf stürzen

oder uns schnell vor der Bedrohung in Sicherheit bringen.

Um sich für eine der beiden Optionen entscheiden zu können, durchläuft der Körper eine Reihe unwillkürlicher Änderungen: Um zusätzliche Energie zu erhalten steigt der Blutzuckerspiegel. Der Adrenalin- und Kortisolausstoß (die beiden Stresshormone) wird erhöht, was einen höheren Blutdruck und schnelleren Herzschlag bedingt. Die Atmung wird beschleunigt und flacher. Die Verdauung wird eingestellt, was zu einem starken Impuls führt, sich zu entleeren oder zu erbrechen. Die Muskeln werden stärker durchblutet, um eine schnelle Flucht vor der Gefahr zu ermöglichen.

Wir können mit diesem effektiven Schutzmechanismus nahezu gleich etwas unternehmen. Die ständige Entscheidung zwischen Kämpfen oder Fliehen kann ernsthafte Gesundheitsprobleme mit sich bringen, selbst wenn unsere Reaktion nur schwach ausgeprägt ist.

Wenn der Körper bei jeder unerwartet hohen Rechnung, bei jeder Auseinandersetzung mit dem Partner, bei jeder Kritik seitens der Kollegen oder vor jeder Präsentation seinen Stress-Mechanismus aktiviert, führt dies unweigerlich zu unerfreulichen Konsequenzen; wie zum Beispiel Verdauungsstörungen, Bluthochdruck, Schlaflosigkeit, Ängstlichkeit, schwankendem Blutzuckerspiegel und Muskelschmerzen bis zu Spannungskopfschmerzen und Migräne.

Unangenehme Dinge sind nun einmal Bestandteil des Lebens, und wir können sie uns nicht einfach wegwünschen. Das Geheimnis des Stressmanagements liegt darin, spezielle, individuell zugeschnittene Techniken zu finden, so dass wir wissen, wie wir uns schnell von einer Kämpfe-oder-Flieh-Reaktion erholen und ihre negativen Auswirkungen vermeiden können. Um das zu erreichen, ist Grundwissen über die Funktionen des vegetativen Nervensystems notwendig.

Das vegetative Nervensystem

Das vegetative Nervensystem hängt mit sehr vielen Körperfunktionen zusammen, die als automatische Handlungen bezeichnet werden. Wir müssen also willentlich nichts unternehmen, um diese Funktionen auszuführen oder zu ändern. Zu den wichtigsten Funktionen gehören Änderungen des Blutdrucks, Produktion von Verdauungssäften, um eine ordentliche Verdauung zu ermöglichen, Regulierung des Herzschlags, Schwitzen, um den Körper bei Überhitzung abzukühlen, und alle körperlichen Reaktionen infolge sexueller Erregung. Das vegetative Nervensystem ist also für eine wirksame Homöostase von größter Bedeutung.

Es umfasst zwei Untersysteme mit entgegengesetzten Funktionen: den sympathischen und den parasympathischen Teil. Zusammen sind sie ein ausgezeichnetes Beispiel für ein perfektes Ganzes mit höchster Effizienz.

Der sympathische Teil ist zuständig für die Kämpfe-oder-flieh-Reaktion, denn er besteht aus einer Gruppe von Nervenfasern, die mit der Adrenalinausschüttung zusammenhängen. Der Sympathicus setzt folglich Nervenenergie frei und bereitet auf physische, emotionale und geistige Herausforderungen vor, indem er die Herzfrequenz und Atmung beschleunigt, Transpiration erzeugt, den Blutdruck erhöht, die Produktion von Verdauungssäften einstellt und die Durchblutung der Muskeln verstärkt, damit der Körper bereit ist.

Der parasympathische Teil hingegen hilft zu entspannen oder sich nach einer Herausforderung zu beruhigen. Er ist der Teil des vegetativen Nervensystems, der für die Erholung nach einer Stresssituation sorgt. Der Parasympathicus senkt also die Herzfrequenz auf den Ruhezustand, beruhigt die Atmung, setzt die Verdauungstätigkeit wieder in Gang und entspannt die Muskeln. Dauerhafter Stress, der normalerweise Gefühle der Anspannung und Gereiztheit erzeugt, sorgt für eine dominierende Funktion des Sympathicus. Wer sich meistens ausgeglichen fühlt und sich von kurzzeitigem Stress schnell erholt, verfügt über einen effizient funktionierenden Parasympathicus.

Mit Stressmanagement bemühen wir uns um eine Lebensweise, die die Balance zwischen den beiden Teilen des vegetativen Nervensystems gewährleistet. Wenn wir das schaffen, müssen wir nicht länger Hetze und Wirrwarr einer hektischen Lebensweise in Kauf nehmen, sondern fühlen uns vital und voller Energie.

Wie wir gesehen haben, erzeugt ein Ungleichgewicht zugunsten des Sympathicus kurzfristig ein Gefühl adrenaler Nervenenergie, doch langfristig zahlt man einen hohen gesundheitlichen Preis, wenn man sich zu lange auf diese Energie verlässt. Außerdem produziert der Körper bei zu starkem und zu langem Stress zu viel Adrenalin, so dass wir uns bald geistig, emotional und physisch ausgelaugt fühlen.

Eine ständig entspannte Lebensweise hat allerdings auch ihre Tücken: Das Leben scheint seine stimulierenden Aspekte zu verlieren. Wenn wir uns zu wenig Herausforderungen stellen, laufen wir Gefahr, unmotiviert und träge zu werden und uns zu langweilen. Das kann wiederum Stress bedeuten.

Auch wenn es seltsam klingt – wir profitieren davon, wenn wir Termine einhalten müssen, egal ob es sich um eine wichtige Prüfung, ein Vorstellungsgespräch oder ein Buchmanuskript handelt, das der Autor zu einem bestimmten Termin an den Verlag zu liefern hat. Oft wird behauptet, ein fester Termin hilft der Konzentration. Anders gesagt: Ohne ein gesundes Maß an Stress würde das Leben zweifellos seine Würze verlieren.

Balance finden

Früher glaubte man, es sei unmöglich, Funktionen des vegetativen Nervensystems wie z.B. Änderungen von Blutdruck, Herzschlag oder Körpertemperatur zu beeinflussen, da sie nicht unserer bewussten Kontrolle unterliegen. Doch haben Untersuchungen gezeigt, dass im Zustand tiefer Entspannung durch bewusste Kontrolle Blutdruck, Herzschlag, Atmung und Körpertemperatur verringert werden.

Über derartige Studien wurde in den letzten Jahren sowohl in der Fach- als auch in der populärwissenschaftlichen Literatur berichtet. Die Entdeckung, dass wir durch bewusste Kontrolle (durch den Parasympathicus gesteuerte) Körperfunktionen beeinflussen können, was vorher als unmöglich angesehen wurde, hat uns eine ganze Reihe interessanter Möglichkeiten für effektive Stressmanagement-Techniken eröffnet. In Kapitel 3 gehen wir näher darauf ein.

Andere Aspekte des Lebensstils, die eine messbare Wirkung auf Stress bzw. dessen Reduzierung haben, sind die Ernährungsweise und Fitnessübungen. Ironischerweise kommen sie bei einer stressigen Lebensweise als erste zu kurz, weil viele glauben, sie hätten weder die Zeit noch die Energie, sich gesund zu ernähren oder Sport zu machen. In den Kapiteln 3 und 4 zeigen wir, wie verhängnisvoll das ist und wie

UNTEN: *Meditation bringt Entspannung, und verbessert auch die Konzentration.*

durch Trägheit und Fast Food Stresssymptome als ständiger Lebensbegleiter förmlich provoziert werden.

Trotz der besten Vorsätze verhalten wir uns von Zeit zu Zeit unvernünftig. Kapitel 7 zeigt Möglichkeiten, kurzfristig stressbedingten Problem zu begegnen.

Die folgenden Kapitel sollen einen Anti-Stress-Plan aufstellen. Dabei geht es darum, sich positivem Stress mit der vollen Vitalität zu stellen, aber auch Wege zu kennen, unseren Körper in jeder Hinsicht – geistig, emotional und körperlich – zu entspannen.

Bevor Sie sich mit diesem Plan befassen, sollten Sie überlegen, welcher Stress für Sie ein Problem darstellt. Dazu sollten Sie die häufigsten Symptome und Stressauslöser kennen.

Stress erkunden

Dauerhafter negativer Stress erzeugt Signale und Symptome – Anzeichen, dass etwas nicht stimmt.

Allgemeine Symptome
Zu den allgemein auftretenden Symptomen gehören:
- Muskelanspannungen in Kiefer, Nacken und Schultern
- Mangel an Lebensfreude
- Schlaflosigkeit oder -störungen
- Mangelhafte Konzentrationsfähigkeit
- Müdigkeit
- Verringerte Libido
- Ständige Infektionen – von Erkältungen bis zu Hautausschlägen
- Appetitlosigkeit

Geistige und emotionale Symptome
Sie werden häufig durch Stress ausgelöst und umfassen:
- Ängstlichkeit
- Panikattacken
- Depressionen
- Mangelndes Selbstvertrauen
- Unentschlossenheit
- Schnelle oder unvorhersehbare Stimmungsumschwünge
- Unfähigkeit, nach der Arbeit abzuschalten

Körperliche Symptome
Diese Symptome treten nach Stress einzeln oder auch kombiniert auf:
- Verdauungstörungen
- Sodbrennen
- Durchfall
- Verstopfung
- Spannungskopfschmerzen
- Hyperventilation (schnelles, flaches Atmen)

- Herzklopfen (Gefühl von flatterndem, unregelmäßigem oder unnatürlich schnellem Herzschlag)
- Schwindel und Benommenheit
- Kribbelndes Gefühl

Verhaltenssymptome

Leider können wir unwissentlich stressbedingte Probleme verschlimmern, indem wir uns zu ihrer Behebung auf kurzfristige Methoden oder Verhaltensweisen verlassen, die letztlich ungesund sind. Dazu gehören:

- Erhöhter Alkoholgenuss
- Rauchen
- Zu viele Medikamente wie z.B. Schmerztabletten
- Beruhigungsmittel
- Genuss von koffeinhaltigen Getränken, um in Schwung zu bleiben
- Erhöhter Schokoladen- und Zuckerkonsum
- Fast Food

Langfristige physische Folgen

Wenn man starkem Stress über einen längeren Zeitraum ausgesetzt ist, ohne wirksam etwas dagegen zu unternehmen, besteht die Gefahr langfristiger Gesundheitsprobleme. Sie können jede Kombination der nachstehenden Elemente umfassen:

- Migräne und ständige Kopfschmerzen
- Reizdarm
- Klinische Depressionen
- Chronische Ängstlichkeit
- Phobien
- Dauerschmerz oder Beweglichkeitsverlust und Steifheit in Nacken und Schultern
- Magengeschwür
- Ausschläge
- Schuppenflechte
- Schwächung des Immunsystems

RECHTS: *Fast Food mag kurzfristig sättigen, auf lange Sicht führt es aber zu Verdauungsproblemen und Müdigkeit.*

Stressquellen

Wie schon gezeigt, kann jede Situation zu einer Quelle für negativen Stress werden, wenn sie bedrohlich scheint. Außerdem gibt es eine Reihe von Auslösern für unwillkommenen Stress, die sehr stark wirken, wenn sie gleichzeitig oder in kurzer Abfolge auftreten. Sie lassen sich in zwei Gruppen unterteilen: in soziale und berufliche Stressfaktoren.

Soziale Stressfaktoren

* Kommunikationsmangel
* Unterdrückte Wut
* Mangel an körperlichem Kontakt
* Finanzielle Sorgen
* Mangelndes Selbstwertgefühl
* Schuld
* Ängstlichkeit
* Depressionen
* Isolation und Einsamkeit
* Langeweile
* Humorlosigkeit

Berufliche Stressfaktoren

* Schlechtes Zeitmanagement
* Unfähigkeit zu delegieren
* Schlechte Organisation
* Motivationsmangel
* Sick Building Syndrom (Belastung durch das Gebäude, in dem der Arbeitsplatz liegt)
* Lärm
* Unrealistische Zielsetzungen
* Unordnung am Arbeitsplatz

Jedem dieser Stressfaktoren kann auf geeignete Weise begegnet werden. Wir können uns von Hoffnungslosigkeit und Hilflosigkeit befreien, wenn wir bereit sind, Initiative zu ergreifen. Was stresst uns am meisten?

Der Anti-Stress-Plan

Bevor wir Strategien gegen stressbedingte Probleme entwickeln, müssen wir etwas ausführlicher auf den Anti-Stress-Plan eingehen. Der Plan umfasst folgende Elemente:

* Ruhe
* Ernährung
* Übungen
* Wohlbefinden
* Neues Gleichgewicht

Die Rubrik **Ruhe** spricht für sich selbst. Es geht um das Erlernen geistiger und emotionaler Grundtechniken, mit deren Hilfe wir Stress von innen kontrollieren und entschärfen können.

Ernährung kann ebenfalls mit Stress zusammenhängen. Wir lernen, wie wir uns von schlechten Ess- und Trinkgewohnheiten befreien können.

Geeignete **Übungen** beruhigen Geist und Psyche, während gleichzeitig für die Abgabe von Energie gesorgt wird.

Wohlbefinden wird in vielen Ansätzen zur Gesundheitspflege vernachlässigt. Deshalb werden Techniken vorgestellt, die einen stressfreien, behaglichen Freiraum zu Hause ermöglichen.

Neues Gleichgewicht finden wir, indem wir alternative Heilmethoden in der Stressbehandlung einsetzen.

Erster Schritt: Prioritäten setzen

Wenn sich Ihre Probleme in geistigen und emotionalen Symptomen äußern, die oben bei den sozialen Stressfaktoren aufgelistet sind, konzentrieren Sie sich auf die Anti-Stress-Elemente Ruhe und neues Gleichgewicht.

Bei körperlichen und verhaltensbedingten Problemen, sind die Elemente Ernährung und neues Gleichgewicht am wichtigsten für Sie.

Die richtigen Ratschläge bei allgemeinen Stresssymptomen finden Sie unter den Stichworten **Übungen** und **Wohlbefinden**.

Befolgen Sie den Plan so kreativ, wie Sie möchten. Ein Ratschlag muss auf Ihre Situation zutreffen, Ihrem Geschmack und Temperament entsprechen. Haben Sie Spaß und lassen Sie Ihrer Kreativität freien Lauf!

Langfristige Stressprobleme bewältigen

Stressbedingte Probleme mit lang anhaltenden physischen Auswirkungen erfordern Behandlung. Viele Schwierigkeiten lassen sich mit dem Anti-Stress-Plan verringern. Ein qualifizierter Therapeut sollte bei chronischen Krankheiten konsultiert werden. Ihre Krankheitsbilder sind sehr komplex. Die Krankheit wird noch komplizierter, wenn man konventionelle Medikamente einnimmt, da der Laie nicht einschätzen kann, ob ein Symptom der eigentlichen Erkrankung oder Nebenwirkungen von Medikamenten o.ä. zuzuschreiben ist. Ein alternativer Therapeut sollte bei Migräne, klinischen Depressionen, Schuppenflechte, Angstzuständen, Ausschlägen, Magengeschwüren oder Reizdarm konsultiert werden. Konventionelle Medikamente sollten jedoch nur unter ärztlicher Kontrolle oder auf ärztliche Anordnung hin abgesetzt werden.

RECHTS: Nacken- und Schultermassage hilft bei der Bekämpfung von Kopfschmerzen, die durch Nackenverspannungen ausgelöst werden.

Geeignete Therapien sind die Homöopathie, westliche Kräuterheilkunde und die traditionelle chinesische Medizin. Aromatherapie, Hypnotherapie, Fußreflexzonenmassage und Massagen bieten ergänzend Hilfe.

Wer sich mit einem chronischen stressbedingten Problem herumplagt, kann einen alternativen Arzt oder Heilpraktiker konsultieren. Denn alternative Heilansätze gehen davon aus, dass der Körper über einen regulierenden Mechanismus verfügt. Alternative medizinische Behandlung wie z.B. die Homöopathie zielt darauf ab, den Körper als Ganzes zu stimulieren, um das optimale Gleichgewicht wiederzufinden. Da stressbedingte Probleme dieses Gleichgewicht stören – eine Therapie, die in erster Linie auf die Wiederherstellung der Homöostase zielt, scheint also besonders geeignet zu sein.

3 Ruhe: Entspannung für Körper und Geist

Wenn wir überlegen, wie viel Hektik und Lärm uns umgeben, ist es verwunderlich, dass wir uns überhaupt konzentrieren können. Penetrante Telefone, plärrende Radios, und Verkehrslärm bilden eine unangenehme Geräuschkulisse. Dazu kommen knappe Termine, zusätzlicher Druck durch oft überflüssige Faxe, E-Mails, Handys. Ist es da ein Wunder, dass es Zeiten gibt, in denen wir die Tür zuknallen und uns in unsere private Oase der Stille und Ruhe zurückziehen wollen?

Übung öffnet den Zugang zu echter Ruhe – ohne sich dabei von der Stressquelle entfernen zu müssen. Einige Grundtechniken helfen uns geistige und emotionale Ruhe in angespannten Situationen zu finden. Das Wissen um diese bewusste Entspannung, gibt schon ein Gefühl der Sicherheit und Kraft. Das ist wichtig, wenn man in einer hektischen Umgebung wohnt oder arbeitet. Denn nichts ist so beruhigend und stressmindernd wie das Gefühl, die Situation unter Kontrolle zu haben.

LINKS: *Wir müssen lernen, richtig abzuschalten.*
RECHTS: *Stehen Sie eine Viertelstunde früher auf, um den Tag ohne Hektik zu beginnen. Sie fühlen sich stärker und sind dem Verkehrsgewühl dann besser gewachsen.*

Einige Techniken sollten regelmäßig zu Hause angewandt werden und zu einem festen Tagesordnungspunkt werden. Andere funktionieren zwischendurch als „Quickies".

Sitzungen mit Entspannungstechniken sollten zur Regelmäßigkeit werden, um eine gesunde Atmosphäre der Ruhe zu erzeugen. Bei dauerhafter Anwendung, werden wir feststellen, dass wir bei Stress immer weniger auf die „Quickies" zurückgreifen müssen.

Den Stress abschalten

Dr. Herbert Benson nennt ein wirksames Gegenmittel gegen die Kämpfe-oder-flieh-Reaktion, die wir im letzten Kapitel kennen gelernt haben.

Zu starker Reiz führt zu Nervosität, Ängstlichkeit, Aggressionen, Herzklopfen, Schlaflosigkeit und Benommenheit (infolge des schnellen, flachen Atmens). Doch diese sind nur die Spitze des Eisbergs. Gleichzeitig erfolgt eine Reihe subtiler Änderungen, die uns für chronische stressbedingte Probleme anfällig machen, wie sie im vorigen Kapitel beschrieben wurden.

Doch Entspannung ist ein wirksames Gegenmittel gegen die erhöhte Aktivität des sympathischen Nervensystems. Ob in Form von Meditation, progressiver Muskelrelaxation PMR), Visualisation, Biofeedback, autogenem

UNTEN: *Das Schlafzimmer sollte ruhig, gut gelüftet und dunkel genug sein.*

Training oder Entspannungstechniken – Entspannung bewirkt physische Reaktionen in Form einer Stimulierung des parasympathischen Nervensystems.

An verschiedenen Anzeichen können Sie erkennen, dass das parasympathische Nervensystem aktiver wurde: geringerer Sauerstoffverbrauch, langsamerer Herzschlag, weniger Transpiration und niedrigerer Blutzuckerspiegel. Ein hoher Blutzuckerspiegel kann Angstsymptome mit sich bringen. Mit anderen Worten: Wer richtig entspannt, kommt in einen tiefen Zustand innerer Ruhe.

Es gibt zwar Parallelen zwischen den physiologischen Änderungen bei tiefer Entspannung und beim Schlaf – wie z.B. ein verringerter Sauerstoffverbrauch –, doch ist die Erfahrung tiefer Entspannung etwas anderes als Schlaf. Wir können also nicht davon ausgehen, dass wir von regelmäßigem gesundem Schlaf automatisch die gleichen Vorteile haben wie von echter Entspannung.

Einer der wichtigsten Unterschiede zwischen diesen beiden Zuständen sind die (langsamen) Alpha-Gehirnwellen. Sie treten im Schlaf nicht auf, sondern zeigen tiefe Entspannung gemeinsam mit anderen Gehirnwellen-Aktivitäten. Die Gehirnsignale der REM-Phase („Rapid Eye Movement") beim Schlafen und Träumen wiederum treten bei Meditation nicht auf.

Obwohl tiefe Entspannung und Schlaf sich unterscheiden, darf regelmäßiger, erfrischender Schlaf bei der Behandlung von Stressmanagement-Techniken nicht vernachlässigt werden. Gesunder Schlaf schützt vor zu niedrigem Energiezustand, Stimmungsschwankungen und häufigen Infektionen.

Langfristig entspannen: Voraussetzungen

Bevor wir die Grundtechniken für effektives Stressmanagement betrachten, müssen wir unbedingt einige praktische Erwägungen anstellen, die für Entspannungsübungen zu Hause von großer Bedeutung sind. Es ist schließlich unwahrscheinlich, dass sich jemand in einer ungemütlichen Umgebung richtig entspannen kann.

WÄRME
Unsere Körpertemperatur sinkt bei tiefer Entspannung beträchtlich. Damit Sie bei einer Übung nicht anfangen zu frieren, sorgen Sie für eine ausreichende Raumtemperatur.

KLARHEIT
Ihre Umgebung sollte jedoch nicht zu heiß oder stickig sein, denn dadurch ermüden Sie eher als dass Sie entspannen. Sie fühlen Sie sich möglicherweise nach der Übung nicht entspannt, sondern groggy und desorientiert.

KOMFORT
Bei einer Entspannungsübung sollte bequeme Kleidung getragen werden. Es kommt darauf an, solche Kleidungsstücke zu wählen, in denen Sie sich völlig leicht fühlen – z.B. ist eine Kombination aus Trainingshose und warmem T-Shirt oder Sweatshirt, bequem und locker. Die Kleidung darf Sie an keiner Stelle einengen, besonders nicht an Hals, Handgelenken und Taille, und sollte aus einem weichen Material bestehen, das sich auf der Haut angenehm anfühlt.

STÜTZEN
Wenn Sie aufrecht sitzend entspannen, verwenden Sie einen Stuhl mit gerader Rückenlehne, damit die Wirbelsäule optimal unterstützt ist. Eine gekrümmte oder laxe Haltung hat den negativen Effekt, die Atmung flacher zu machen. Bequem aufrecht zu sitzen erleichtert

dagegen das Ausdehnen des Brustkorbs. Sorgen Sie auch dafür, dass Ihre Füße bequem stehen. Die Fußsohlen sollten flach auf dem Boden ruhen. Die Hände können Sie in den Schoß oder auf die Armlehnen legen.

Wenn Sie sich zum Entspannen hinlegen möchten, sorgen Sie für eine glatte, feste Unterlage. Eine Übungsmatte oder eine gefaltete Decke auf dem Boden sind gut geeignet.

FRIEDLICHE STIMMUNG

Sorgen Sie immer dafür, dass der Geräuschpegel bei einer Sitzung so niedrig wie möglich ist. Schalten Sie den Anrufbeantworter ein und alle Geräte aus, die Lärm verursachen. Sagen Sie Ihrer Familie vorher Bescheid, was Sie tun, damit Sie nicht gestört werden.

REGELMÄSSIGKEIT

Wie bei allen Disziplinen ist es gar nicht so einfach, sich an Regelmäßigkeit zu gewöhnen. Der Nutzen der Entspannung hängt jedoch sehr von regelmäßigen Übungen ab – egal welche Technik Sie anwenden. Reservieren Sie also jeden Tag etwas Zeit für Ihre Entspannung – wenn es dann einmal einen oder zwei Tage doch nicht klappt, ist das nicht so schlimm. Vielleicht würde es Sie ja von etwas Wichtigerem abhalten. Doch ist es unerlässlich, nach einer Unterbrechung weiterzumachen, als ob es keine gegeben hätte.

TEMPERAMENT UND LEBENSSTIL

Wenn Sie bewusstes Entspannen zum festen Bestandteil Ihres Tagesablaufs gemacht haben, sollten Sie sich auf eine für Sie geeignete Methode festlegen. Falls Sie eine Abneigung gegen Apparate und Elektrogeräte haben, finden Sie Biofeedback wahrscheinlich wenig reizvoll. Sie sollten dann besser eine eine Technik wählen, die keine besondere Ausrüstung erfordert und problemlos in jeder Lage angewandt werden kann, sobald Sie sich gestresst oder unter Druck fühlen.

Autogenes Training

Diese medizinische Therapie wurde von dem Neurologen Dr. Johannes Heinrich Schultz entwickelt. Ist sie erst einmal erlernt, sollte die Technik täglich angewandt werden, um Ruhe und Entspannung zu finden. Man konzentriert sich auf sechs geistige Übungen, die spezifische Empfindungen im Körper wecken.

Anfangs sollte man in einem ruhigen Raum mit geschlossenen Augen liegen. Beherrscht man die Technik erst einmal, funktioniert sie überall und jederzeit, ohne dass man einen bewussten Ruhezustand erreichen muss.

Bei jeder Übung konzentriert man sich bewusst auf eine Reihe Empfindungen in Körperteilen (Schwere, Kühle oder Wärme) und achtet gleichzeitig auf Herz- und Atemrhythmus.

Es ist besser, autogenes Training bei einem qualifizierten Lehrer zu lernen, als es sich selbst beizubringen. Beim Training können gelegentlich psychologische Reaktionen wie Angst auftreten, und wenn dies geschieht, ist die Unterstützung durch einen erfahrenen Lehrer sehr wertvoll. Er hilft herauszufinden, was passiert ist, und kann die Analyse richtig interpretieren.

Sobald die Grundtechnik erlernt ist, lässt sich durch autogenes Training in relativ kurzer Zeit ein Zustand tiefer Entspannung erreichen. Bedenken Sie, dass regelmäßiges Üben unerlässlich ist, wenn Sie wirklich voll von den Möglichkeiten der Technik profitieren möchten. Wiederholungen sind wichtig, sowohl bei den Übungen an sich als auch bei den Schlüsselsätzen, die fest zum autogenen Training gehören. Die Ausdauer wird durch den Nutzen belohnt, den Sie aus dieser wertvollen Therapie ziehen.

RECHTS: *Versuchen Sie jeden Tag zu entspannen und ein Urlaubsgefühl zu bekommen.*

Progressive Muskelentspannung

Bei dieser Technik erfolgt eine kumulative, bewusste Entspannung von Muskelgruppen. Das System wurde von dem Physiologen Dr. Jacobsen entwickelt. Er ging davon aus, dass Angst- und geistige wie emotionale Spannungszustände durch Muskelkontraktionen oder Verspannungen ausgelöst oder verschlimmert werden können. Er fand jedoch heraus, dass auch das Gegenteil zutrifft: Durch regelmäßige bewusste Muskelentspannung kann folglich ein Gefühl geistiger und emotionaler Ruhe erzeugt werden.

Bei dieser Technik werden Muskelgruppen bewusst angespannt (z.B. die Hand zur Faust geballt), ein oder zwei Sekunden so angehalten, dann bewusst wieder gelockert, bis sie völlig entspannt sind. Der Effekt wird verstärkt, wenn man sich dabei vorstellt, dass bei der Muskelentspannung gleichzeitig die Sorgen von einem weichen.

Bei der progressiven Muskelrelaxation (PMR) sollte man sich auch Rhythmus und Art der Atmung bewusst machen. Während man die Muskelgruppen anspannt, soll man voll durch die Nase einatmen, und bei der Entspannung der Muskeln wird mit einem tiefen Seufzer durch den Mund wieder ausgeatmet.

PMR muss regelmäßig geübt werden – am besten im Liegen in einem ruhigen Zimmer. Wenn Sie die Technik beherrschen, spüren Sie noch die leichteste Muskelanspannung im Gesicht und an den Augen sowie natürlich bei den größeren Muskelgruppen in Armen und Beinen. Sie erreichen einen Zustand tiefer Entspannung, sobald Sie diese Spannungen erkennen und bewusst lösen können.

LINKS: *Durch bewusstes Entspannen der Muskeln erreichen wir ein Gefühl geistiger und emotionaler Ruhe – wir fühlen uns frei wie ein Vogel.*

Biofeedback

Die Biofeedback-Technik entstand in den 1960er Jahren. Wissenschaftler in den USA erkannten das positive Potenzial ihrer Biofeedback-Geräte bei der Behandlung von Stress-Patienten, z.B. bei Bluthochdruck.

An den Patienten werden Elektroden und Sensoren angeschlossen und mit dem Biofeedback-Gerät verbunden. Während der Sitzung erhält der Patient durch akustische oder optische Signale oder Anzeigen am Gerät Informationen über Änderungen in seinem Körper. (z.B. der Herzfrequenz oder Muskelspannung)

Die überwachten Änderungen umfassen die Hauttemperatur, Schweißabsonderung, Muskelspannung, Gehirnaktivität und Herzfrequenz. Geringes Schwitzen, starke Alpha-Wellen und einen regelmäßigen, langsamen Herzschlag signalisieren einen entspannten Zustand, so dass der Patient durch die überwachten Funktionen eine objektive Information über seinen Entspannungszustand erhält.

Mit der Zeit lernen die Patienten, dass bewusste Kontrolle – durch Atemtechniken und Muskelentspannung – nützlich ist, um einen Zustand der Entspannung zu erreichen. Schließlich können sie unerwünschte Stresssymptome wie Ängstlichkeit und Muskelspannung verringern. Besonders gut lassen sich Spannungskopfschmerzen, Migräne, Bluthochdruck, Reizdarm und Schlaflosigkeit behandeln.

Meditation

Anhänger der Meditation sind begeistert, dass durch regelmäßiges Praktizieren eine ganze Reihe von stressbedingten Problemen gelindert werden kann. Meditation hilft nicht nur bei Ängstlichkeit, Schlaflosigkeit, Bluthochdruck und durch Muskelverspannung verursachten Problemen, sondern bei regelmäßiger Anwendung verbessert sie auch merklich die

Konzentrationsfähigkeit, das Interesse und die Bereitschaft zu kreativer, ausgefallener und produktiver Denkweise. Energie wird nicht durch Grübeleien und Angst verschwendet. Meditation kann demnach unseren Energiezustand regulieren.

Meditation ist eine Methode mit der man das ständige Geplapper in unseren Köpfen abschalten kann, wenn wir sehr in Anspruch genommen oder unter Druck sind. Die meisten wissen, wie zehrend ängstliche Gedanken sein können. Das hört sich anspruchsvoll an, doch die Meditationstechniken sind oft überraschend einfach. Die einzige Herausforderung am Anfang: Man muss die nötige Selbstdisziplin aufbringen, um die Technik anzuwenden.

Am besten wir sitzen oder liegen. Manche setzen sich im Schneidersitz hin oder knien sich, doch wer sich dabei im Rücken oder an den Knien unwohl fühlt, sollte das lassen. Setzen Sie sich in einen bequemen Stuhl mit fester Rückenlehne und stellen Sie die Füße flach auf. Oder Sie legen sich auf eine feste, warme Unterlage, an einer zugfreien Stelle.

Beim Liegen nehmen Sie am besten die Yoga-Position „Totenstellung" ein. So liegen Sie entspannt, wobei die Arme leicht vom Körper weg zeigen und die Handrücken auf dem Boden aufliegen, während die Handflächen nach oben weisen. Auch die Beine sollte natürlich liegen – leicht auseinander, die Füße locker und entspannt. Der Rücken soll nicht gekrümmt wer-

den, so dass Wirbelsäule und Rückenmuskeln völlig entspannen können.

Wer in einer aufrechten Position meditieren möchte, kann hilfsweise seinen Blick auf etwas konzentrieren: auf eine Blume, eine Kerzenflamme oder einen Kristall oder alles, was Ihrem Gefühl nach zu einem meditativen Zustand verhift. Konzentrieren Sie sich auf den Gegenstand und schieben Sie alle anderen Gedanken beiseite, sobald sie auftreten. Während Sie sich auf den Gegenstand konzentrieren, beobachten Sie, was mit Ihrer Atmung geschieht. Regulieren Sie sie vorsichtig, so dass sie einen festen Rhythmus findet, wobei Ein- und Ausatmen gleich lang sind. Oder Sie schließen die Augen und konzentrieren sich auf ein einfaches geistiges Bild.

Vielleicht hilft es Ihnen auch, den einfachen Klang einer einzigen Silbe beim Ein- und Ausatmen zu wiederholen. Das kann so etwas Simples wie das Wort „eins" sein; es kann aber auch jeder Laut sein.

Nehmen Sie sich die Zeit, um wieder zur üblichen Tagesaktivität zurückzuführen. Wenn Sie bereit sind, öffnen Sie die Augen, strecken die Arme und Beine und stehen langsam auf.

RECHTS: *Konzentrieren Sie sich beim Meditieren auf ein Objekt etwa eine Blume.*
UNTEN: *Anfänger legen sich bei der Meditation am besten in die Yoga-„Totenstellung". So können Kopf, Schultern, Arme und Beine richtig entspannen.*

Falls Sie im Liegen meditiert haben, gehen Sie nie schnell in eine aufrechte Position, sondern drehen Sie sich auf die Seite und achten Sie auf die Empfindungen im Körper, während Sie sich in eine aufrechte Position bewegen.

Visualisierung

Diese Technik ist so etwas wie ein geistiger Urlaub: Man stellt sich Bilder, Geräusche und Empfindungen vor, die man mit einem Ort assoziiert, an dem man sich besonders wohl fühlt. Für kreative Visualisierung sollte am besten die gleiche Position eingenommen werden, wie bei der Meditation.

Sobald Sie spüren, dass Ihre Atmung fest und regelmäßig ist, rufen Sie sich das Bild eines Ortes ins Gedächtnis, den Sie entspannend, schön oder inspirierend finden. Das kann ein realer Ort sein oder auch nur das geistige Abbild eines Fotos oder Gemäldes. Am wichtigsten ist, dass Sie das Gefühl haben, etwas Besonderes verbinde Sie mit diesem Ort.

Es spielt keine Rolle, ob es sich um einen stillen Wald, eine Küste oder ländliche Szene handelt, doch sollte es eine Landschaft sein, die Ihnen etwas sagt. Sobald Ihr Geist diese

OBEN: *Kreative Visualisierung ist etwas wie ein geistiger Urlaub – fort von allem.*

Szenerie betreten hat, registrieren Sie alle Anblicke, Geräusche und Empfindungen, die zu diesem Bild gehören. Vielleicht wollen Sie sich hinlegen und das Gefühl tiefer Entspannung auskosten, das an diesem wunderbaren Ort durch Ihren Körper strömt, oder Sie wandern durch die Landschaft und entdecken immer wieder Neues, das Sie tiefer in einen Entspannungszustand führt.

Sie können kreative Visualisierung gut zusammen mit progressiver Muskelentspannung kombinieren. Sobald die Muskeln entspannt und weich sind, wenden Sie Ihre Aufmerksamkeit auf die Atmung. Beim Einatmen stellen Sie sich vor, Ihr Körper würde mit einer warmen, goldenen Flüssigkeit gefüllt, die Frieden, Wohlbefinden und Stille symbolisiert. Beim Ausatmen suggerieren Sie sich, dass Spannungen, Sorgen und quälende Gedanken den Körper in einer Dunstwolke verlassen. Sie können sich zusätzlich Farben vorstellen, falls das Ihr Zusammengehörigkeitsgefühl mit dem Bild stärkt.

11 Schritte zur Entspannung

Wenn Sie mit Entspannungsübungen beginnen wollen, stehen Ihnen zahlreiche Kurse in Entspannungstechniken auf CD zur Auswahl. Das ist besonders dann sehr nützlich, wenn Sie zur Entspannung einfach nur die Augen schließen und durch eine geeignete Entspannungsübung geleitet werden möchten, ohne selbst entscheiden zu müssen, in welchen Schritten Sie während der Sitzung vorgehen sollen.

Als Alternative bietet sich nachstehende Anleitung zu Entspannungsübungen an. Sie können nach Belieben diese Anleitung auf eine Kassette aufnehmen oder eine CD brennen. Vielleicht ist Ihnen Ihre eigene Stimme am liebsten, denn manchmal sind die Stimmen der CD-Sprecher etwas monoton oder auch schrill. Die nachstehende Übungsfolge in elf Schritten ist eine Einführung in die Entspannung. Bevor Sie beginnen, bereiten Sie sich vor, wie oben bei Meditation beschrieben.

1 Legen Sie sich auf den Boden, die Knie gekrümmt und die Füße etwa 30 cm auseinander. Entspannen. Atmen Sie fest und tief, während eine Hand leicht in der Nabelgegend auf dem Bauch liegt. Die Hand sollte sich mit dem Atemrhythmus heben und senken.

2 Hören Sie auf Ihren Körper und atmen Sie in einem natürlichen Rhythmus. Zwingen Sie sich keinen anderen Rhythmus auf. Konzentrieren Sie sich nur auf die Atmung.

3 Wenn die Atmung regelmäßig ist, entspannen Sie die Beine und nehmen die „Totenstellung" wie auf Seite 34 gezeigt ein.

4 Konzentrieren Sie sich auf Gesichts- und Kopfmuskeln, angefangen an der Kopfhaut. Stellen Sie sich vor, wie jede Spannung aus den Muskeln weicht. Dann geht es zur Stirn, wobei Sie wieder auf Spannungen achten. Lösen Sie bewusst Spannungsknoten und entspannen Sie alle Muskeln.

5 Jetzt wandern Sie im Geist den Körper hinunter und stoppen überall, wo Verspannungen sind. Oft finden sie sich an Nacken, Hals, Schultern, Händen und Rücken. Gehen Sie im Geist an all diese Stellen und gehen Sie erst dann weiter, wenn die entsprechenden Muskeln dort völlig entspannt und weich sind.

6 Wenn Sie erst einmal mit diesem Prozess vertraut sind, spüren Sie ein wunderbares Gefühl von Entspannung und Behaglichkeit. Vielleicht haben Sie den Eindruck, Ihr Körper sei viel schwerer und sinke in den Fussboden, vielleicht glauben Sie auch, Sie sind leichter geworden und schweben über der Erde.

7 Nun konzentrieren Sie sich wieder auf die Atmung. Sie stellen fest, dass sie zu einem gleichmäßigen, lockeren, unverkrampften Rhythmus gefunden hat.

8 Beim Einatmen stellen Sie sich vor, Sie würden mit positiver Energie gefüllt. Beim Ausatmen gleitet alles Negative von Ihnen ab. Stellen Sie sich Farbmuster oder Bilder vor, die für Sie positive und negative Energie symbolisieren. Mit der Zeit wollen Sie diese Farben vielleicht ändern – tun Sie es ganz nach Ihrem Geschmack.

9 Verweilen Sie in diesem Entspannungszustand, so lang Sie wollen. Sie sollten sich aber genug Zeit lassen, aus dieser tiefen Wohligkeit langsam aufzutauchen. Wenn Sie zu schnell aufstehen, geht der Gewinn dieser Übung verloren.

10 Wenn Sie soweit sind, richten Sie Ihre Aufmerksamkeit nach und nach wieder auf die Umgebung. Bewegen Sie langsam Kopf, Hände, Beine und Füße. Dehnen Sie sich wohlig und öffnen die Augen.

11 Wichtig: Springen Sie nach der Übung nie plötzlich hoch, sondern rollen Sie sich auf eine Seite, dann verharren Sie in sitzender Stellung und stehen schließlich auf. Auf diese Weise vermeiden Sie am besten das Gefühl der Benommenheit oder Desorientierung, das bei zu schnellem Aufstehen auftreten kann.

„Quickies"

Wir möchten Ihnen noch ein paar Entspannungstechniken vorstellen, die Sie spontan einsetzen können, sobald sich Spannungen aufbauen. Sie erreichen so schnell innere Ruhe.

Atmung
Halten Sie inne und atmen Sie bewusst Ihre Lunge bis tief unten voll. Das klärt den Geist und löst Spannungen.

Inhalieren
Tropfen Sie etwas Lavendelöl auf ein Tuch und riechen Sie daran, wenn Sie sich nervös und verspannt fühlen.

Erfrischen
Eine einfache Technik erfrischt und beruhigt die Augen: Machen Sie die Hände hohl und legen Sie sie über die geschlossenen Augen, wobei Sie einige Sekunden lang einen angenehmen, aber spürbaren Druck auf die Augenhöhlen ausüben.

Entspannen
Lösen Sie bewusst angespannte Kiefermuskeln und lassen Sie die Schultern hängen. Drücken Sie mit der Zungenspitze leicht hinter den oberen Zähnen gegen den Gaumen. Das entspannt die Schläfenmuskeln und verringert so Spannungskopfschmerzen.

Lächeln
Oft sind die Gesichtsmuskeln verspannt, was sich in einer gerunzelten Stirn äußert. Das verursacht Spannungskopfschmerzen und Sorgenfalten, was nicht gerade zum Wohlbefinden beiträgt. Wenn Sie das nächste Mal bemerken, dass sich Spannung aufbaut, denken Sie an etwas Schönes und lächeln Sie – dadurch werden die Gesichtsmuskeln wieder weich.

LINKS: *Lavendel ist für seine beruhigende Wirkung bekannt.*

Stressabbau im Job

Für viele entsteht der meiste Stress am Arbeitsplatz, da dort viele Dinge außerhalb unserer Kontrolle liegen – Gerüchte über Stellenabbau, zunehmender Arbeitsdruck, Fluktuation bei den Mitarbeitern, Gesundheitsprobleme, die bei Großraumbüros mit Klimaanlage häufig auftreten, sind nur einige Aspekte, die negativen Stress bei uns auslösen können.

Da in der normalen Arbeitsumgebung so viele Stressfallen lauern, ist es sinnvoll, einmal darüber nachzudenken, wie wir mit dem zunehmenden Stress am Arbeitsplatz umgehen können. Allein schon dadurch lösen wir ein Grundproblem, das unseren Stress verstärkt: das Gefühl der Machtlosigkeit. Wir lernen stattdessen Stress entgegenzuwirken.

Äußere Faktoren

ORGANISIEREN

Wenn man unter starkem Stress steht, ist es ungemein hilfreich, einmal einzuhalten und die Umgebung zu betrachten. Liegen Stapel von Büchern, Akten oder unerledigter Post herum? Schon dadurch entsteht ein Gefühl von Überforderung und Furcht. Wenn wir hingegen bewusst Ordnung in unseren Arbeitsplatz bringen und Erledigtes wegräumen, das heißt, Akten ablegen, Bücher ins Regal zurückstellen, haben wir sofort mehr Klarheit. Das baut psychologisch auf und gibt das Gefühl, mehr Platz zum Arbeiten zu haben. Wir finden wichtige Dinge in der halben Zeit und mit einem Bruchteil der Anstrengung und auch Frustration.

DELEGIEREN

Sobald wir gelernt haben, unsere Arbeitsmenge in vernünftigen Grenzen zu halten, wissen wir auch, welche Arbeiten wir an andere delegieren können. Wir müssen nicht alles selbst

OBEN: *Ordnung am Arbeitsplatz hat einen stressmindernden Effekt.*

entscheiden, und können uns daher mit viel mehr Tatkraft unserer eigentlichen Aufgabe zuwenden.

PRIORITÄTEN SETZEN

Wir müssen festlegen, welche Arbeiten von uns selbst und welche durch andere erledigt werden können. Es hängt natürlich von der jeweiligen Arbeitsstelle ab, wie die Prioritäten gesetzt werden, doch ist eine einfache Technik am wirkungsvollsten – Listen aufstellen. Dinge aufzuschreiben ist so etwas wie über Probleme reden: Es schafft die Dinge aus dem Kopf und vermittelt so eine geistige Distanz zu ihnen. Wichtige Aufgaben, die vordringlich zu erledigen sind, stehen oben auf der Liste, die weniger wichtigen weiter unten. Die Liste zeigt auch, ob etwas sofort zu erledigen ist oder für eine Weile aufgeschoben werden kann. Erledigtes wird abgehakt. Sie werden erstaunt sein, wie angenehm es ist, die Liste immer kürzer werden zu sehen.

LINKS: *Arbeit wirksam zu delegieren, vermittelt ein befreiendes und belebendes Gefühl.*

Das bedeutet nicht, dass wir uns vor unangenehmer Arbeit drücken. Wir befreien uns nur von unrealistischen Erwartungen. Kennt man erst einmal seine Grenzen, fühlt man sich wie befreit und kann den gestellten Anforderungen effektiver begegnen. Vielleicht überrascht und erleichtert es ja auch, wenn wir sehen, dass wir bei weitem nicht so unentbehrlich sind, wie wir bisher geglaubt haben.

Zunächst mag es schwierig erscheinen, bestimmte Aufgaben zu delegieren. Sobald jedoch erst einmal das Gefühl von Unbehagen und Unsicherheit überwunden ist und man seine Arbeitsmenge angemessen einschätzt, ist man erstaunt, wie radikal und überraschend schnell sich der Stress verringert.

HANDELN

Eine Unmenge Stress entsteht durch Verschleppen und Aufschieben von lästigen, aber unvermeidbaren Arbeiten bis zum letzten Moment. Es bewirkt, dass wir ständig an die Arbeit denken müssen. Das lastet schwer auf uns. Wir fühlen uns unbehaglich und schuldig. Es ist eine altbekannte Ironie: Wenn wir uns erst einmal an eine Arbeit machen, die wir ewig aufgeschoben haben, ist sie weitaus weniger schlimm als befürchtet und wir wundern uns, warum wir so lange damit herumgetrödelt und sie nicht sofort in Angriff genommen haben.

Eine Sache anzugehen ist ein wirksames Mittel gegen negativen Stress, während das ständige Aufschieben von Arbeit eine der Hauptursachen für Stress ist. Sie werden sehen, dass unangenehme Gefühle wie Furcht und Schuld eine wichtige Rolle bei negativem Stress spielen. Schieben Sie Aufgaben also nicht unnötig auf.

EIN PERSÖNLICHE NOTE VERLEIHEN

Treten Sie einmal zurück und betrachten Sie Ihren unmittelbaren Arbeitsplatz. Wenn er Ihnen

BEWERTEN

Zu effektivem Zeit- und Stressmanagement gehört es, zu unrealistischen Anforderungen nein sagen zu können. Nichts verursacht so viel Stress bei der Arbeit wie das Gefühl, vor einer nicht zu bewältigenden Aufgabe zu stehen. In einer solchen Situation sollten wir entweder offen klarmachen, dass wir diese Aufgabe nicht fristgerecht schaffen können, und sie an andere abtreten, oder einen realistischeren Zeitrahmen ausmachen.

Um dies zu erreichen, muss man einschätzen können, wie viel Arbeit man höchstens auf sich nehmen kann, ohne gestresst und unproduktiv zu werden. Wenn wir dies erst einmal schaffen, werden uns Herausforderungen Spaß machen und Erfolgserlebnisse bereiten. Wir müssen uns selbst einschätzen lernen. Wie viel positiven Stress halten wir aus, wann kehrt sich positiver in negativen Stress um?

unpersönlich und grau vorkommt, trägt dies unbewusst zu Stress bei und verringert die Inspiration. Es lohnt sich, hier etwas zu ändern, denn Sie fühlen sich dann besser und energiereicher. Wählen Sie sorgfältig ein paar Gegenstände aus, die Ihnen gefallen: beispielsweise ein Foto eines schönen Ortes, einer Person oder Ihres Haustieres (oder Sie sind ein Glückspilz und haben alle drei in einem Motiv), eine kleine Skulptur, Briefbeschwerer oder eine Pflanze. Alternativ können Sie auch funktionale Gegenstände aussuchen: eine kleine Privatbibliothek oder ein Aromalämpchen, in dem Sie stressmindernde ätherische Öle verdunsten lassen können, wenn Sie neue Frische brauchen. Doch sollte alles einfach bleiben. Zu viel würde ein Durcheinander erzeugen, in dem Sie sich gestresst und eingeengt fühlen.

REINIGEN

Viele fühlen sich in Großraumbüros unter Druck und mehrfachen Stressfaktoren ausgeliefert. Der Geräuschpegel kann sehr störend sein, das Fehlen eines persönlichen Raums beeinträchtigt, wenn man ein schwieriges Telefonat führen muss. Chemikalien in Faxgeräten und Fotokopierern sowie Strahlung von Computermonitoren sind ebenfalls als Quellen von Stress zu nennen, weil Sie unser Immunsystem stark beanspruchen. Wenn zu dem noch eine schlecht funktionierende Klimaanlage oder Zentralheizung kommt, ist es nicht verwunderlich, dass jemand unter den krank machenden Wirkungen des „Sick Building Syndroms" leidet. Die Symptome können von häufigen Spannungskopfschmerzen bis zu hartnäckigen Erkältungen alles umfassen.

Das hört sich deprimierend an, doch lassen sich positive Maßnahmen ergreifen, um diese negativen Effekte moderner Büroarbeit zu minimieren. Ein Tisch-Ionisator kann gegen das

RECHTS: Ätherische Öle mit anregenden oder entspannenden Eigenschaften können Sie in einem Aromalämpchen verdunsten lassen, um die Stimmung auszugleichen.

Gefühl von Trägheit und Benommenheit wirken, genügend Pflanzen scheinen die negativen Wirkungen von elektromagnetischen Feldern, die z.B. von Computern ausgehen, zu verringern. Wenn der Einsatz eines Aromalämpchens unzweckmäßig ist, können Sie diese Öle von einem Tuch einatmen und bekommen dadurch wieder einen klaren Kopf. Am wichtigsten ist es, in der Mittagspause an die frische Luft zu gehen und nicht mit einem Sandwich in der Hand durchzuarbeiten. Ein Spaziergang ist nicht nur eine wichtige Unterbrechung, sondern bringt die Muskeln in Bewegung, die vielleicht den ganzen Vormittag nicht beansprucht wurden.

Innere Faktoren

ABSCHALTEN

Nackenrollen ist ein bewährtes Hilfsmittel, um Steifheit und Verspannungen im Oberkörper abzubauen – und es lässt sich jederzeit ausüben. Senken Sie Ihren Kopf, so dass das Kinn leicht auf der Brust ruht. Rollen Sie es nach rechts, dann ziehen Sie es mit dem Gewicht des Kopfes zurück und herum auf die linke Seite, bis es schließlich wieder in der Mitte ruht. Wiederholen Sie die Drehbewegung, diesmal in umgekehrter Reihenfolge.

Schulterzucken kann auch Stress und Verspannung lösen und ist eine gute Ergänzung zum Nackenrollen: Ziehen Sie beide Schultern langsam zu den Ohren hoch und lassen Sie sie wieder sinken und drücken Sie sie nach hinten. Wiederholen Sie die Übung in umgekehrter Reihenfolge: nach hinten, zu den Ohren, in die Ausgangslage.

ENERGIE TANKEN

Abwechselndes Atmen durch die Nasenflügel ist eine hervorragende Yoga-Technik, um einen klaren Kopf zu bekommen. Stress wird verringert und geistige, emotionale und physische Energie zurückgewonnen. Beginnen Sie, indem Sie die drei rechten Mittelfinger zur Handfläche beugen. Daumen und kleiner Finger bleiben gestreckt. Drücken Sie mit dem Daumen leicht gegen den rechten Nasenflügel und atmen Sie vier Sekunden lang durch den linken ein. Dann schließen Sie mit Daumen und kleinem Finger beide Flügel und halten den Atem vier Sekunden lang an. Nehmen Sie den Daumen weg und atmen Sie durch den rechten vier Sekunden lang aus. Nach einer Pause wiederholen Sie das Ganze, diesmal beginnen Sie mit dem rechten Nasenflügel. Nachdem Sie die Übung viermal auf jeder Seite wiederholt haben, ist Ihr Geist viel klarer und konzentrierter.

ENTSPANNEN

Nehmen Sie Anstrengung und Verspannung aus Ihrem Gesicht, indem Sie die Augen schließen und bewusst Kiefer, Nacken und Schultermuskeln entspannen. Auch die Übung „Erfrischen" auf Seite 38 ist hilfreich. Wenn Sie einen Bildschirmarbeitsplatz haben oder stundenlang lesen, sollten Sie regelmäßig blinzeln. Auf einen Bildschirm zu starren, ohne zwischendurch mit den Augen zu zwinkern, überanstrengt die Augen, weil sie trocken werden. Durch Blinzeln vermeiden Sie auch Kopfschmerzen, die durch übermüdete Augen entstehen.

UNTEN: *Sie können die Augen mit einer einfachen Technik entspannen.*

Stressabbau zu Hause

Die meisten Prinzipien der Anti-Stress-Techniken für den Arbeitsplatz gelten auch zu Hause. Räumen Sie Ihre Wohnung auf, delegieren Sie Hausarbeiten, setzen Sie Prioritäten, organisieren Sie Ihre häuslichen Arbeitsbereiche und packen Sie die Dinge an, anstatt sie lange aufzuschieben.

Es gibt jedoch ein paar zusätzliche Maßnahmen, durch die wir unsere Wohnung zu einem Zufluchtsort machen, in dem Stress abgebaut wird und gar nicht erst entsteht.

Ruhe

Wir benötigen alle einen Raum, in den wir uns zurückziehen können, wenn es zu hektisch wird. Das gilt besonders, wenn wir gleichzeitig familiärem wie beruflichem Druck ausgesetzt sind. Die Anforderungen kleiner Kinder und Jugendlicher sind anstrengend. Obwohl wir durch regelmäßige Entspannungs- und Meditationstechniken etwas dagegen unternehmen können, brauchen wir auch einen Raum, den wir beruhigend und angenehm empfinden. Das kann jedes beliebige Zimmer sein, am ehesten bietet sich aber das Badezimmer an. Wenn nicht gerade ein Kleinkind im Haushalt ist, läuft uns wohl niemand dorthin nach. Praktische Tipps, wie Sie Ihr Badezimmer in einen stressfreien Rückzugsort verwandeln können, finden Sie in Kapitel 5.

Klänge

Musik kann die Stimmung heben und den Stress abbauen. Das Genre ist reine Geschmackssache – es muss durchaus keine New Age- oder Sphärenmusik sein. Allerdings besteht unter Experten eine Kontroverse, ob Heavy Metal bei anfälligen Menschen eher negative und depressive Gefühle auslöst. Andererseits scheint das Hören von Barockmusik den gegenteiligen Effekt zu haben. Das soll natürlich nicht heißen, dass Sie keine

OBEN: *Das Badezimmer eignet sich wohl am besten als Rückzugsort in der Wohnung.*

Rockmusik hören dürfen und sich auf klassische Musik beschränken sollen. Wählen Sie die Musik aus, die Ihnen ein gutes Gefühl vermittelt.

Licht

Die Bedeutung von natürlichem Licht bei der Reduzierung von Symptomen der Depression und Ängstlichkeit wurde in den letzten Jahren immer wieder betont. Für eine Fernsehdokumentation in Großbritannien lebte eine Familie für einige Zeit im Stil der 1940er Jahre. Dabei wurde die Bedeutung von Licht auf faszinierende Weise klar. Ein wesentlicher Stressfaktor in dieser altmodischen Wohnung waren die dicken Vorhänge, die die modernen Bewohner

als extrem deprimierend und Platzangst aus-
lösend empfanden. Eine helle Wohnung ist
heutzutage selbstverständlich.

Wenn Sie in einer Wohnung leben, in die
tagsüber wenig Licht fällt, sind so genannte
Tageslichtlampen eine gute Alternative. Auch
gibt es Menschen, die sich nachts in einem
dunklen oder düsteren Raum traurig oder
emotional leer fühlen. Die strategisch sinnvolle
Platzierung von Lichtquellen hat einen stim-
mungshebenden Effekt. Andere Menschen hingegen ziehen gerade eine weiche, schummrige
Beleuchtung vor und finden dabei innere Ruhe.
Wem das Aufwachen stressig erscheint, der
kann eine sich automatisch heller dimmende
Nachttischlampe verwenden, die den Effekt des
zunehmenden Tageslichts nachahmt. Bei
manchen solchen Lampen fangen sogar Vögel
an zu zwitschern. Falls Sie abends gestresst
und nervös sind, helfen Kerzenlicht und
ätherische Öle, z.B. Lavendel- oder Rosenöl.

GERUCH

Parfüm und natürlich vorkommende Aromen
sind für ihre starke Wirkung auf Stimmung und
Gemütszustand bekannt. Die meisten Menschen haben den aufbauenden Effekt bestimmter Düfte selbst kennen gelernt – ein
Hauch eines Aromas streift uns, das uns stark
an einen Ort, einen Menschen oder eine
wichtige Erfahrung erinnert. Wir erleben dann
noch einmal die Emotionen, die damit verbunden sind, als ob wir in der Zeit zurück-
gereist wären. Und all das aufgrund eines
Parfümhauchs...

Da Aromen sowohl angenehm als auch ab-
stossend empfunden werden können, sollten
wir gut darauf achten, welche positiv auf uns
wirken. Der Geschmack hängt sehr von ak-
tuellen Stimmungen ab, also sollten Aromen
entsprechend variieren. Wenn wir z.B. morgens

RECHTS: *Möblierung und Farben verwandeln unser*
Zuhaus in einen Zufluchtsort.

LINKS: *Ätherische Öle als Badezusatz begünstigen die Entspannung.* UNTEN: *Die Farben des Waldes in der Wohnung vermitteln die Ruhe eines Waldspaziergangs.*

Wir wählen täglich Farben aus – von der Kleidung bis hin zu Wohnungsdekorationen.

Wenn Sie eine ruhige und besänftigende Wirkung erzielen möchten, umgeben Sie sich mit verschiedenen Blautönen. Leuchtendes Rot und Orange wirkt dagegen vitalisierend, Gelb hebt die Stimmung. Grün hat einen stimmungsausgleichenden Effekt. Folgen Sie einfach Ihrem Instinkt – die Auswahl der Farben hängt schliesslich vom persönlichen Geschmack ab. Es ist sinnlos, sich mit „stimmungsausgleichenden" Farben zu umgeben, wenn Sie sie nicht mögen.

benommen und träge sind, kann ein Hauch ätherisches Zitrusöl wie Grapefruit oder auch erfrischende Pfefferminze und Rosmarin uns vitalisieren. Bergamotte, ein anderes Zitrusöl, hat den gleichen Effekt. Fühlen wir uns hingegen nervös und kribbelig, können stimmungsausgleichende Öle wie Ylang Ylang, Geranie oder Muskatellersalbei helfen. Basilikumöl hat nicht nur konzentrationsfördernde, sondern auch stresslösende Wirkung. Es hilft, die Konzentration wiederzugewinnen.

Im Handel ist ein breit gefächertes Angebot an Dusch- und Badeprodukten mit Beimengungen von ätherischen Ölen sowie an Duftkerzen erhältlich.

FARBEN

Viele Menschen wissen instinktiv, dass Farbe auf die Stimmung wirkt. Bestimmte Farben verströmen Vitalität und beleben, während andere beruhigen und friedlich stimmen. Einige Farben fördern die Geselligkeit. Die Nuancen, von denen sich jemand am meisten angezogen fühlt, sagen viel über die Persönlichkeit aus.

Die inneren Feinde bekämpfen

Eine negative Herangehensweise an eine Herausforderung verstärkt den Stress. Reaktionen wie Angst, Schuld, Unwille und unterdrückte Wut sind nicht hilfreich, um Herausforderungen im Leben zu bestehen. Ganz im Gegenteil – sie verstellen den objektiven Blick auf eine Situation.

Infolgedessen neigen wir in Krisensituationen dazu, die Probleme durch unsere Reaktion komplizierter zu machen. Wenn wir andererseits Wege finden, wie wir ein positives geistiges und emotionales Interesse aufbringen können, finden sich die Lösungen automatisch viel leichter. Das gibt Sicherheit und damit die Basis für das weitere Handeln. Bald haben wir in diese positive Spirale, die eine zentrale Rolle beim Abbau von negativem Stress in unserem Leben spielt, hineingefunden.

Unterdrückte Wut

Obwohl sich mancher unwohl fühlt, wenn er sich ärgert, sind gerechtfertigt ausgedrückte Wut und Ärger am rechten Ort etwas Positives und Befreiendes. Unterdrücken wir jedoch immer angestaute Wut oder werden ständig aus nichtigen Anlässen wütend, wirkt sich das negativ auf unsere Persönlichkeit aus. Falsch gemanagte Wut macht extrem verwundbar und für Gefühle wie Resentiment, Verbitterung und schließlich Depression empfänglich – und keines davon ist akzeptabel, wenn wir negativen Stress bekämpfen wollen.

Wer zu Hause und in der Arbeit ständig gereizt ist, unterdrückt wahrscheinlich ein starkes Wutgefühl, das tatsächlich auf eine bedeutendere ungelöste Ursache zurückzuführen ist. Wenn Sie das nächste Mal ohne richtigen Anlass wütend werden, sollten Sie kurz einhalten und überlegen, wie Sie sich tatsächlich in diesem Augenblick fühlen. Vielleicht stellen Sie

fest, dass Sie mit Ihrer Wut und Verärgerung heftig übertrieben reagieren. Sobald Sie hinterfragen, warum Sie auf ein aktuelles Problem so heftig eingehen, erhöht sich die Chance, die tatsächliche Ursache für Ihre Verärgerung zu erkennen. Dann haben Sie auch die Möglichkeit, Ihrem Ärger in bezug auf das tatsächliche Problem Ausdruck zu geben.

Wutmanagement bedeutet, seine Wut in Bahnen zu lenken und sie nicht unkontrolliert herauszulassen. Wenn wir das konsequent tun, können wir in einer Stresssituation auch angemessen reagieren. Das Ergebnis ausgewo-

OBEN: *Managen Sie Ihren Ärger: Zur rechten Zeit kann er befreiend wirken und Probleme abbauen.*

gener und überdachter Reaktionen ist besser, als wenn man die Kontrolle über sich verliert.

Die erste Regel des „Wutmanagements" besteht darin zu lernen, seine Meinung klar, verständlich und fest zu vertreten. Wut beraubt uns der Kontrolle über eine Situation. Wenn wir wütend sind, ist es schwierig, eine Situation von allen Seiten zu betrachten, und es besteht die Gefahr, bei der kleinsten Provokation übertrieben zu reagieren. Außerdem verzehrt es die Kräfte, seinen Stimmungen so preisgegeben zu sein. Überlegen Sie, wie erschöpfend und Energie raubend Wutausbrüche sind.

Schuld

Schuld ist ein anderes äußerst negatives, hemmendes und Stress förderndes Gefühl, besonders wenn wir uns durch Schuldgefühle, die in keinem vernünftigen Verhältnis zum Anlass stehen, unnötig bestrafen. Oft hilft es zurückzublicken. Liegen die Wurzeln dieser Schuldgefühle vielleicht in der Kindheit?

Wutmanagement

Drei wichtige Elemente spielen eine Rolle, wenn wir uns in einer Lage befinden, in der wir unsere Wut kontrollieren müssen.

- Wir müssen die problematische Situation so objektiv und fair wie möglich beurteilen.
- Wir sollten unseren Gefühlen so klar wie möglich Ausdruck geben, uns aber nicht verleiten lassen, anderen die Schuld zu geben oder die Rolle des strengen Richters zu spielen. Wenn andere involviert sind, lassen Sie das Thema einen Augenblick ruhen, atmen Sie tief durch und bleiben Sie gefasst. Dann kehren Sie ruhig und bestimmt auf das Thema der Diskussion zurück.
- Schlagen Sie Maßnahmen vor, die das Problem korrigieren oder positiv verändern.

Erinnern Sie sich, wie Eltern, Geschwister, Freunde oder Partner Sie behandelten. Wurden Sie geschätzt, beschenkt oder besonders behandelt oder wurden Sie übersehen, kritisiert und unterschätzt? Wenn jemand nie den Erwartungen anderer entsprochen hat, ist es leider wahrscheinlich, dass diese Person sich unbewusst einen zu perfekten Maßstab setzt, um die Liebe und Aufmerksamkeit auf sich zu ziehen, die sie vermisst. Doch niemand ist perfekt und es ist wahrscheinlich, dass die zu hoch gesteckten Ziele nicht erreicht werden. Wenn die ersten Anzeichen dafür auftreten, besteht die Gefahr, schmerzliche Gefühle von Schuld und Unzulänglichkeit zu entwickeln.

Wir müssen aus dem negativen Kreis der Selbstbestrafung ausbrechen, um positiv auftreten zu können. Wir müssen uns von diesen Emotionen befreien, weil sie uns einengen. Zu Beginn ist das schmerzhaft, doch mit der Zeit werden wir mit diesen Gefühlen fertig und sind wohl kaum mehr geneigt, zu unserem alten Verhaltensmuster zurückzukehren.

Wenn wir feststellen, dass sich unsere Schuldgefühle jeder Änderung hartnäckig widersetzen, ist professionelle Hilfe und Anleitung notwendig. Sie ohne Schuldgefühle in Anspruch zu nehmen ist schon der erste Schritt. In einem solchen Fall kann ein kognitiver oder Verhaltenstherapeut am besten helfen. Er kann den Patienten dazu ermutigen, bei sich selbst tief verankerte Verhaltungsmuster zu identifizieren. Sind diese bekannt, können wir unsere Reaktionen ändern.

Schuld kontrollieren

Bei hartnäckigen und unrealistischen Schuldgefühlen sollten die folgenden praktischen Schritte unternommen werden:

- Wenn Sie das nächste Mal von Schuldgefühlen geplagt werden, gehen Sie geistig auf Abstand und überlegen, wie begründet Ihre Empfindungen sind. Wahrscheinlich haben Sie in einer schwierigen Lage das Beste getan. Wenn Sie nachträglich einsehen, dass Sie es besser hätten machen können, ziehen Sie daraus eine Lehre für das nächste Mal.

- Falls sich Ihre Schuldgefühle auf eine bestimmte Sache oder Person beziehen, sollten Sie das analysieren. Vielleicht können Sie nach einigem Nachdenken etwas unternehmen, um das Problem zu lösen. Eventuell tun Sie aber schon alles, was Sie können, um dem Problem eine positive Wendung zu geben, erhalten dabei aber nicht genug Rückhalt der anderen, um erfolgreich zu sein. Falls das zutrifft, lassen Sie die Finger von dem Problem oder überlegen Sie sich sogar, sich von Menschen und Dingen fernzuhalten, die unbegründete Schuldgefühle in Ihnen wecken.

- Versuchen Sie gezielt Ihr Selbstvertrauen zu stärken, indem Sie sich auf Ihre positiven Qualitäten besinnen. Macht Ihnen jemand ein Kompliment, freuen Sie sich darüber, anstatt beim anderen einen Hintergedanken zu vermuten. Laufen die Dinge in Ihrem Leben gut, freuen Sie sich darüber und sonnen Sie sich ruhig ein bisschen in Ihrem Glück. Denken Sie immer daran: Lachen ist gesund!

RECHTS: *Befreien Sie sich von negativen Gefühlen, die Sie zu lange mit sich herumgeschleppt haben, und freuen Sie sich an der Gegenwart.*

Angst

Oft Angst zu haben, verursacht Stress. Wie wir schon gesehen haben, braucht eine häufig ausgelöste Kämpfe-oder-flieh-Reaktion viel Energie und hindert an konzentriertem, produktiven Arbeiten. Unbegründete Angst nimmt Lebensfreude. Ein chronischer Mangel an Selbstvertrauen lähmt unsere Beziehungen und verhindert berufliches Fortkommen. Irrationale Phobien verderben die Lust an Reisen und Geselligkeit und lassen uns vor Aufgaben zurückschrecken. Angst vor dem Altwerden nimmt uns die Freude an der Gegenwart.

Manche Angst lässt sich tatsächlich gut beherrschen. Öffentliches Reden kann zum Beispiel eine lähmende Aufgabe sein, aber Sie können allmählich Ihr Selbstvertrauen und Selbstwertgefühl aufbauen, wenn Sie sich einen Ruck geben und Ihre Rede halten.

Die Wurzeln für unbegründete Angst liegen oft in unserer Erziehung. Leider haben viele Menschen in der Kindheit unbewusst Angstreaktionen verinnerlicht, wenn die Eltern als disziplinarische Maßnahme androhten: „Der Schwarze Mann kommt dich holen, wenn du nicht aufhörst!" Solche Sprüche einem Kind im Entwicklungsstadium wiederholt zuzumuten, hat zur Folge, dass Kinder die Welt als einen gefährlichen und beunruhigenden Ort ansehen.

Angst kann ein Kind auch unbewusst von einem Erwachsenen übernehmen. Wer die Welt als etwas Bedrohliches ansieht, überträgt diese Überzeugung wahrscheinlich auf seine Kinder, sofern nichts dagegen unternommen wird.

Mancher hat auch in seiner Kindheit oder Jugend traumatische Erfahrungen gemacht, z.B. als Unfallzeuge, durch sexuellen Missbrauch oder eine andere Gewalttat, die psychische Narben hinterlässt und uns als Erwachsene ängstlich und unsicher macht.

RECHTS: *Angst kann uns so gefühlskalt machen, dass wir vor engen Beziehungen zurückschrecken.*

Die Angst bezwingen

Diffuse Angst lässt sich durch geeignete Maßnahmen bezwingen:

- Wenn Ihr Leben durch Phobien beeinträchtigt wird, sollten Sie professionelle Hilfe und Anleitung suchen, z.B. in Form einer Verhaltenstherapie. Entspannungstechniken zur Kontrolle der Atmung lassen sich gut hiermit kombinieren.

- Visualisierung kann dazu beitragen, Angstgefühle zu zerstreuen. Wenn Sie an eine Situation denken, die normalerweise bedrohlich wäre, stellen Sie sich bewusst eine positive Version dieses Bildes vor und ändern Sie so Ihre Gefühle.

- Wenn Sie sich ständig mit Angstgefühlen herumplagen, die eine Folge von zu geringem Selbstwertgefühl sind, schauen Sie sich in der Ratgeber-Literatur zu diesem Thema um. Auch das Internet bietet eine Fülle von Tipps, wobei alles natürlich mit der üblichen Vorsicht zu genießen ist.

- Wenn Sie seit Ihrer Kindheit an irrationalen Ängsten leiden, kann die kognitive Therapie hervorragend weiterhelfen. Der Therapeut ermutigt Sie, negative Verhaltensmuster zu identifizieren, die Sie schon so stark verinnerlicht haben, dass sie Ihnen kaum mehr bewusst sind. Sind erst einmal die zugrunde liegenden Gedankenmuster erkannt, können Sie sich auch von ihnen frei machen.

- Indem Sie sich mit Situationen konfrontieren, die Sie irrational ängstlich oder nervös machen, können Sie sich vom Diktat der Angst befreien. Bauen Sie Ihr Selbstvertrauen in kleinen Schritten auf. Sie spüren richtig, wie es mit der Zeit wächst. Nehmen Sie sich aber nicht zu viel auf einmal vor.

Persönliche Beziehungen

Viele wissen, dass anhaltender, großer Stress und zu viel Druck am Arbeitsplatz oder auch zu Hause uns unseren Mitmenschen und unserem Partner gegenüber aggressiv oder auch introvertiert macht. Wenn wir nicht vorsichtig sind, zieht uns auch das in eine negative Stressspirale hinein.

Wenn wir über dieses Problem nicht reden, leidet darunter die Beziehung. Ärger und Streit im Schlafzimmer machen alles noch schlimmer, und das daraus resultierende kaputte Liebesleben erzeugt neuen Stress. Probleme wie Impotenz und sexuelle Unlust – beides oft auf Stress zurückzuführen – erhöhen die Anspannung auch noch gerade dann, wenn man sie am wenigsten gebrauchen kann.

Alternative Therapeuten wissen, dass ein erheblicher Teil der Patienten, die sie wegen stressbedingter Probleme konsultieren, einen miserablen Energiezustand hat – in geistiger, emotionaler wie physischer Hinsicht. Und sie wissen auch, dass eine solche Entkräftung mit Sicherheit die Libido beeinträchtigt. Gar nicht so selten geben Patienten zu, dass es bei ihnen Zeiten gibt, wo ein Drink oder auch nur eine Tasse Tee etwas Verlockenderes sind als ein leidenschaftliches Liebesspiel.

Oft kann die Situation wirksam umgekehrt werden, denn sobald sich der Energiezustand bessert und stressreduzierende Techniken angewandt werden, zeigen sich auch wieder Lustgefühle. Regelmäßiger, leidenschaftlicher und ausgeglichener Sex bringt außer dem offensichtlichen Vergnügen eine Reihe von Vorteilen wie ein stärkeres Immunsystem und eine Abnahme von stressbedingten Symptomen mit sich. Am wichtigsten ist es, wachsam zu sein und rechtzeitig Maßnahmen zu ergreifen, damit sich die Situationen nicht immer weiter verschlimmert. Die folgenden Vorschläge sind geeignet, eine erlahmte Beziehung mit neuem Leben zu erfüllen.

REDEN

Oft entstehen Beziehungsprobleme aufgrund mangelnder Kommunikation. Wer sich nicht die Zeit nimmt, wichtige Dinge mit dem Partner zu besprechen, läuft Gefahr, das emotionale Loch zu vertiefen. Ist das erst einmal geschehen, können sich Banalitäten zu echten Problemen auswachsen, mit denen man noch weniger fertig wird und die deshalb auch nicht angesprochen werden – ein Teufelskreis. Es geht darum, Prioritäten zu setzen: Entspannen Sie sich nach Feierabend mit Ihrem Partner mit einem Tee, anstatt sofort den Fernseher einzuschalten oder im Internet zu surfen.

ALLEIN SEIN

Es kann schwierig sein, füreinander Zeit zu finden, wenn man eine junge Familie hat, besonders wenn beide arbeiten. Wenn die Kinder im Bett sind, ist man so erschöpft, dass man nur ins Bett fallen und schlafen will. Wenn die Beziehung wegen der Kinder zu kurz kommt, sollte man sich hin und wieder ein „kinderfreies" Wochenende gönnen. So kehrt die Spontaneität zurück, auf die jede funktionierende Beziehung angewiesen ist.

DER RICHTIGE RHYTHMUS

Richten Sie sich nach Ihrer inneren Uhr und unterliegen Sie nicht der Versuchung, nur aus Gewohnheit am Abend Sex zu haben. Vielleicht haben Sie nachmittags viel mehr Lust. Das erfordert vielleicht einige Vorkehrungen, aber ein findiger Geist lässt sich etwas einfallen. Was glauben Sie wohl, warum die Italiener eine Siesta halten?

BERÜHRUNGEN

In einer seit langem bestehenden Beziehung kommen manchmal Berührungen zu kurz. Mit einer Umarmung, indem Sie den Arm um die Schulter legen oder einfach Händchen halten zeigen Sie dem Partner Ihre Verbundenheit und vermittelt ihm das Gefühl von Nähe.

HUMOR

Spontanes Lachen kann viel zu einer engen Beziehung beitragen. Lachen zum falschen Zeitpunkt könnte vielleicht die Leidenschaft abtöten, doch zum rechten Moment befreit es auch von Stress. Wenn Sex immer eine furchtbar ernste Angelegenheit wäre, würde er mit der Zeit sicher sehr langweilig.

ATMOSPHÄRE SCHAFFEN

Ein Schlafzimmer soll ein sinnlicher Ort sein. Die Einrichtung sollte unserem Geschmack entsprechen, der Raum sollte gedämpft oder indirekt beleuchtet sein, Bettwäsche soll sich angenehm anfühlen. Ätherische Öle wie Ylang Ylang, Jasmin oder Sandelholz, die in einem

OBEN: *Mit etwas Fantasie wird das Schlafzimmer zum perfekten Ort für ein zärtliches Beisammensein werden.*

Aromalämpchen verdunsten, heben die Stimmung. Als Zusatz zu Massageöl können sie sanft einmassiert werden (sofern die Haut nicht empfindlich darauf reagiert).

GUTES ESSEN

Es gibt viele Lebensmittel und Gewürze, denen aphrodisierende Eigenschaften zugeschrieben werden. Vielleicht sollten Sie einige zum Bestandteil Ihres Speiseplans machen, wenn Sie Ihrem Liebesleben auf die Sprünge helfen wollen. Dazu gehören Spargel, Schellfisch, Sellerie, Pastinaken, Ingwer und Zimt.

4 Ernährung: Essen gegen Stress

Der enge Zusammenhang zwischen dem, was wir essen und trinken, sowie unserer geistigen und emotionalen Balance wird von immer mehr Experten anerkannt. Fast jeder kennt das kurze Hoch nach dem Genuss von Schokolade oder das zittrige, nervöse Gefühl nach ein paar Tassen Espresso. Jeder weiß, dass bestimmte Nahrungsmittel erhebliche Auswirkungen auf den Körper haben.

Vermutlich wissen Sie aber nicht, dass das Gefühl von Müdigkeit und Gereiztheit, das sich bald darauf einstellt, eine Nachwirkung dieser Genussmittel ist. Das hängt zum Teil mit dem chemischen Ungleichgewicht aufgrund des stimulierenden, hohen Koffeingehaltes und mit den „Wohlfühl"-Chemikalien in der Schokolade zusammen. Diese Substanzen machen abhängig, denn sie veranlassen den Körper, in relativ kurzer Zeit mehr zu wollen.

Zusätzlich haben Kaffee und Schokolade einen destabilisierenden Effekt auf den Blutzuckerspiegel. In diesem Kapitel zeigen wir, wie wichtig es ist, den Blutzuckerspiegel stabil zu halten, wenn wir uns vital und wohl fühlen möchten, und welche große Rolle die Regulierung des Blutzuckerspiegels bei stressbedingten Problemen spielt. Ein gesunder Blutzuckerspiegel ist auch der Schlüssel dafür, dass wir Tiefpunkte im Leben gut verkraften.

Sie erfahren in diesem Kapitel außerdem, wie Sie auf die Lebensmittel und Getränke, die negativen Stress verstärken, verzichten und diese durch Nahrungsmittel ersetzen, die Geist, Psyche und Körper beruhigen.

Das ist nicht so hart, wie es sich anhört. Alle Ratschläge berücksichtigen, dass Essen und Trinken gleichermaßen die Sinne erfreuen wie den Körper ernähren soll. Die Empfehlungen bilden einen variationsreichen, flexiblen und leckeren Ernährungsplan, bei dem Sie weder auf Auswahl verzichten müssen noch der Genuss geschmälert wird.

Am wichtigsten ist, dass die folgenden Vorschläge auch von Menschen, die ein sehr stressiges Leben führen, leicht umzusetzen sind. Jobs, die uns wenig Zeit zur Essenszubereitung lassen; der schnelle Imbiss zwischendurch; die zahlreichen Anforderungen der Familie; das Bedürfnis des Menschen nach Vergnügen: All das haben wir berücksichtigt. Guten Appetit!

LINKS: *Der Blutzuckerspiegel bleibt stabiler , wenn wir uns mit Vollkornprodukten statt mit „weißen", stark verarbeiteten Lebensmitteln ernähren.*

Stress mindernde Nahrung und Getränke

PROTEINHALTIG
Fisch, Huhn, Hülsenfrüchte zusammen mit Cerealien

In kleinen Mengen regelmäßig gegessen, stimulieren sie die Produktion von Dopamin im Körper, das bei Stress in Adrenalin umgewandelt wird und uns einen zusätzlichen „Kick" gibt.

MIT KOMPLEXEN KOHLENHYDRATEN
Brauner Reis, Kartoffeln und Vollkornprodukte (Brot, Nudeln, Cerealien)

Wir sollten zu diesen greifen, wenn wir unter Druck stehen. Komplexe Kohlenhydrate werden im Körper so aufgeschlossen, dass sie konstante Energie liefern, während raffinierte Kohlenhydrate einen kurzfristigen Zuckerschub erzeugen, der uns bald benommen und erschöpft macht.

VITAMIN B-
reiche Nahrungsmittel

Sie sind wichtig für das Nervensystem. Bierhefe, Milchprodukte, Vollkornprodukte, grünes Blattgemüse und Meeresfrüchte sind reich an Vitamin B.

BANANEN

Wichtiger Lieferant für die als natürliches Anti-Depressivum wirkende Aminosäure Tryptophan.

AVOCADOS, ORANGEN, MILCHPRODUKTE UND KOPFSALAT

Ihnen wird allgemein beruhigende Wirkung zugeschrieben. Das kann an ihrem Bromin-Gehalt liegen, der für natürliche Entspannung im Körper sorgt.

KAMILLENTEE

Eines der beruhigendsten Getränke überhaupt. Bei Stress und Schlafstörungen hilft ein warmes Bad mit Kamillenblüten: einfach einige Teebeutel ins Wasser hängen.

FRISCH GEPRESSTER OBSTSAFT UND GEMÜSESÄFTE

Saft von gelben, orangen, dunkelgrünen oder roten Früchten und Gemüsen ist reich an Antioxidantien, die eine wichtige Rolle bei der Unterstützung des Immunsystems bei Stress spielen.

GRÖSSERE MENGEN MINERAL- ODER LEITUNGSWASSER

Viele Menschen nehmen zu wenig Flüssigkeit zu sich. Man soll täglich mindestens fünf große Gläser Wasser trinken. Die Symptome von leichter Dehydration ähneln oft denen von Stress – z.B. Kopfschmerzen, Verstopfung und Hautprobleme.

Stress verstärkende Nahrung und Getränke

FERTIGGERICHTE
Hoher Anteil an Konservie-
rungsstoffen, Geschmacks-
verstärkern und Farbstoffen

Wenn sie regelmäßig konsumiert werden, können Fertiggerichte den Körper toxisch erheblich belasten. Manche üblichen Zusatzstoffe wie der Geschmacksverstärker Glutamat können zu stressbedingten Kopfschmerzen beitragen und Allergien verstärken.

NAHRUNG MIT VIEL RAFFINIERTEM ZUCKER
Kuchen, Plätzchen, Limo-
naden und Süßigkeiten

Raffinierter (weißer) Zucker verursacht Schwankungen im Energiezustand des Körpers und trägt zu Müdigkeit und Schwächung des Immunsystems bei. Bei zu viel Zuckergenuss leidet die Konzentration und man fühlt sich benommen.

KAFFEE, TEE UND KOFFEINHALTIGE SOFTDRINKS

Koffein ist eine Droge, die mit Vorsicht zu genießen ist. Es macht abhängig und kann Schlaflosigkeit, Nervosität und Gereiztheit auslösen. Koffeinentzug kann schwere Kopfschmerzen, oft zusammen mit Benommenheit und Übelkeit, verursachen. Tee enthält etwas weniger Koffein als Kaffee, kann aber bei regelmäßigem Genuss die gleichen Symptome erzeugen. Dies gilt auch für koffeinhaltige Getränke.

SCHOKOLADE

Zu häufiger Genuss von scheinbar Frust killender Schokolade führt zu ähnlichen Problemen wie Koffeingenuss. Schokolade enthält u.a. Koffein und Zucker.

ALKOHOL

Obwohl Alkohol kurzfristig entspannend wirkt, führt dauernder Genuss zu Schlafstörungen, Verdauungsproblemen, Kopfschmerzen, Stimmungsschwankungen und schlechter Konzentrationsfähigkeit. Außerdem wirkt Alkohol toxisch auf unser Immunsystem.

ZIGARETTEN

Zigaretten zeigen eine rasche Wirkung, sie vermitteln ein beschwingtes, waches Gefühl, doch schon ein kurzzeitiger Nikotinentzug führt zu Gereiztheit, schlechter Konzentration und verstärktem Appetit. Die langfristige Wirkung des Rauchens ähnelt der Stressreaktion des Körpers. Regelmäßiges Rauchen – egal welche Menge – erhöht zudem das Risiko für stressbedingte Erkrankungen wie z.B. Herzkrankheiten.

Essen gegen den Stress

Sie sollten Ihre Ernährungsweise an den Grundsätzen ausrichten, die hier beschrieben werden, und diese so gut es geht befolgen. Manchmal ist dies leichter, manchmal schwerer umzusetzen. Sollten Sie einmal über die Stränge schlagen, brauchen Sie deshalb kein schlechtes Gewissen haben.

Wenn Sie die Tipps befolgen, stellen Sie sicher bald fest, dass sich Ihr allgemeines Befinden gebessert hat. Die häufig bei Stress entstehenden Kopfschmerzen, die lästigen kleinen Infekte und Verdauungsprobleme werden bald der Vergangenheit angehören.

Abwechslung

Damit keine Langeweile aufkommt, sollten die Mahlzeiten nicht eintönig sein. Versuchen Sie, Ihre Essgewohnheiten mit Ihren Vorlieben in Einklang zu bringen.

Wenn Sie Fleisch mögen, sollten Sie rotes Fleisch so oft wie möglich durch Geflügel ersetzen. Mindestens einmal pro Woche sollte das Essen zwar proteinhaltig, aber vegetarisch sein: beispielsweise eine Kasserolle oder ein Curry aus Hülsenfrüchten wie z.B. Bohnen mit braunem Reis.

Verzichten Sie mindestens viermal pro Woche auf reichhaltigen Nachtisch und essen Sie stattdessen Obst oder Bio-Joghurt. Ein Glas Wein ist völlig in Ordnung – aber mit viel Wasser. Vor dem Schlafengehen hilft eine Tasse warmer Kamillentee, den Geist zu entspannen und gut zu schlafen. Sie müssen sich nicht buchstabengetreu an diese Ratschläge halten, wenn Ihnen das Stress bereitet.

RECHTS: *Sie sollten immer frühstücken, da Sie sonst am Vormittag schneller in ein Energietief fallen.*

Anti-Stress Ernährungsplan

FRÜHSTÜCK
Ihre erste Tagesmahlzeit sollte aus Kohlenhydraten in Form von Cerealien mit halbfetter Milch und Vollkorntoast mit etwas Butter, Marmelade oder Honig bestehen. Frisches Obst sorgt für Ballaststoffe und Vitamine (frisch gepresster Obstsaft enthält zwar die Vitamine, aber kaum Ballaststoffe). Im Winter könnte ein Ei zum Frühstück passen.

VORMITTAG
Ein Stück Obst und eine Tasse Früchte- oder Kräutertee bringen Ihnen neue Energie. Stattdessen können Sie auch ein Glas frisch gepressten Obst- und/oder Gemüsesaft trinken.

ABENDESSEN

Hier können Sie die verschiedensten Variationen ausprobieren: Fisch (gedünstet), dazu einen großen Salat, der im Winter viel grünes, oranges und rotes Gemüse enthalten sollte, außerdem Kartoffeln oder braunen Reis. Fetter Fisch wie Makrele, Lachs oder frische Sardinen sind ebenso geeignet wie Thunfisch, Forelle oder Schwertfisch. Geflügel (Huhn oder Truthahn) ist eine gute Alternative – doch sollte das Tier aus artgerechter Bodenhaltung stammen. Ein große Schüssel Nudeln mit einer Soße Ihrer Wahl und gemahlenen Pinienkernen, Sesamkörnern oder Croutons ist besonders für Vegetarier eine gesunde und köstliche Alternative.

LINKS: *Selbstgemachte Suppe schmeckt lecker.*
UNTEN: *Bringen Sie Abwechslung auf den Teller mit frischen Gemüsebeilagen.*

MITTAGESSEN

Diese Mahlzeit kann aus einem großen Salat oder pfannengerührtem Gemüse mit Couscous oder Baked Potatoes bestehen. Ein gemischter Salat mit Vollkornbrot ist eine leichtere Alternative. Im Winter schmeckt vielleicht eine dicke Gemüsesuppe mit Hülsenfrüchten. Trinken Sie dazu ein oder zwei Gläser Wasser mit einem Spritzer Zitrone oder Limette oder natürlichem Fruchtaroma.

NACHMITTAG

Nachmittags entsteht oft ein Energietief. Trinken Sie daher eine Tasse grünen Tee (reich an Antioxidantien, aber mit wenig Koffein) und essen Sie eine Hand voll Trockenfrüchte oder frische Nüsse (am besten Walnüsse, Mandeln oder Paranüsse, die reich an ungesättigten Fettsäuren sind) – so tanken Sie neue Energie. Wem grüner Tee nicht schmeckt, der kann Getreidekaffee oder, wenn es sein muss, eine Tasse nicht zu starken Milchkaffee trinken. Doch das sollte nicht zur Gewohnheit werden.

Schluss mit Zucker

Zu viel Zuckergenuss führt zu extremen Energieschwankungen. Starke Stimmungsumschwünge und Konzentrationsmangel sind die Folgen. Hinzu kommen weitere Probleme: Karies und eine erhöhte Prädisposition für Diabetes.

Versuchen Sie bei heißen Getränken auf raffinierten Zucker zu verzichten. Am besten trinken Sie sie ungesüßt. Wenn Sie sich erst einmal an ungesüßte Getränke gewöhnt haben, fragen Sie sich, warum Sie vorher jemals Zucker benötigt haben. Auch süßer Kuchen und Plätzchen mit hohem Anteil an raffiniertem Zucker sollten durch frisches Obst oder Reiscracker ersetzt werden. Wenn das Verlangen nach Zucker nicht abnimmt, essen Sie ab und zu Plätzchen auf Haferbasis.

Auf jeden Fall sollten Sie auf „Diät-" oder „kalorienarme" Versionen jeder Art verzichten – bei Sprudelgetränken, Snacks, Nachtisch, Plätzchen oder Joghurt. „Diät" mag zwar wenig Zucker bedeuten, doch enthalten diese Produkte dafür künstliche Süßstoffe, die unser Körper überhaupt nicht braucht.

Künstliche Süßstoffe wie Saccharin hinterlassen nicht nur einen unangenehmen bitteren Nachgeschmack im Mund, sie verursachen bei regelmäßigem Konsum auch Gesundheitsprobleme, die noch gar nicht voll erkannt sind. Einer der häufigsten Süßstoffe (Aspartam) verschlimmert nachweislich die Stressreaktionen des Gehirns, der langfristige Konsum beeinträgt den Serotonin-Spiegel (Serotonin ist ein „Wohlfühl"-Neurotransmitter) und verstärkt Depressionen. Sorbitol hingegen verursacht bei regelmäßigem Konsum deutliche Magenprobleme und Durchfall.

Achten Sie beim Einkaufen auf die Nahrungsbestandteile, die auf der Verpackung stehen. Zucker und Süßstoffe müssen

RECHTS: *Verwenden Sie Honig nur sparsam, denn auch er ist eine Form von Zucker.*

Schluss mit Koffein

Wenn Sie stressbedingte Symptome reduzieren wollen, müssen Sie auf die Menge Koffein achten, die Sie regelmäßig konsumieren. Wer täglich mehr als zwei Tassen Kaffee oder drei Tassen Tee trinkt, nimmt eindeutig zu viel Koffein zu sich. Wenn wir noch Schokolade und koffeinhaltige Softdrinks dazu rechnen, liegt der Koffeingenuss weit über dem gesunden Maß.

In einer idealen stressfreien Welt könnten wir völlig auf Koffein verzichten. Nach ein oder zwei Tagen mit Koffeinentzugserscheinungen bräuchten wir es nicht mehr. Letztlich geht es aber darum, den Koffeinkonsum auf ein vernünftiges Maß zu beschränken. Versuchen Sie, nicht mehr als zwei Tassen Kaffee täglich zu trinken, und möglichst sogar mit einer auszukommen.

Wenn Sie aus Gewohnheit gern ein heißes Getränk zu sich nehmen, gibt es viele Alternativen mit wenig oder ohne Koffein: Mate-Tee, grüner Tee, Früchtetees, Kräutertees (probieren Sie einmal Zitronenverbene oder Fenchel mit Anisaroma) und Getreidekaffee.

Wer täglich neun oder zehn Tassen starken Kaffee trinkt, muss sich auf heftige Entzugserscheinungen einstellen. Die klassischen Symptome umfassen starke Kopfschmerzen, die bis zu 24 Stunden anhalten können, oft mit Gefühlen von Unwohlsein und Gereiztheit kombiniert. Wenn Sie den Koffeinentzug für ein ruhiges Wochenende planen, wird er viel erträglicher. Trinken Sie viel stilles Mineralwasser oder Leitungswasser und frische Obstsäfte. So erhält der Körper genug Flüssigkeit und kann die Giftstoffe um so schneller ausscheiden.

Wenn Sie nicht so radikal vorgehen wollen, reduzieren Sie den Koffeinkonsum allmählich – jeden Tag zwei Tassen weniger – und ersetzen Sie die Flüssigkeit durch oben genannte Alternativen. Wenn Sie bei einer Tasse Kaffee pro Tag angekommen sind, achten Sie darauf, dass sich diese Menge nicht wieder erhöht. Falls das doch öfters passiert, sind Sie sicher der Typ, der völlig auf Koffein verzichten sollte.

Cola-Drinks sind schlicht ungesund und sollten ganz vermieden werden. Auch hier gibt es leckere Alternativen: sprudelndes Mineralwasser mit einem Spritzer Zitrone oder Limette oder eine Obstschorle mit Mineralwasser. Oder Sie mixen Ihre eigenen Gesundheits-Cocktails aus Ihrem Lieblingsobst und -gemüse.

Auch Energy-Drinks enthalten viel Koffein und sehr viel Zucker und gehören zum Wohle eines ausgeglichenen Energiehaushalts am besten gar nicht erst in den Einkaufskorb.

RECHTS: *Trinken Sie täglich mindestens vier bis fünf Gläser Wasser, um dem Körper genügend Flüssigkeit zuzuführen.*

LINKS: *Unmäßiger Alkoholkonsum führt zu Problemen wie z.B. Schlafstörungen.*
RECHTS: *Codeinhaltige Schmerztabletten erzeugen neue Kopfschmerzen.*

Schluss mit Alkohol

Obwohl kleine Mengen Alkohol durchaus gesundheitlichen Nutzen bringen können (z.B. wirkt sich ein Glas Rotwein täglich günstig auf Herz und Kreislauf aus), hat exzessiver Genuss genau die gegenteilige Wirkung aufs Wohlbefinden. Starke Stimmungsschwankungen, Anzeichen vorzeitigen Alterns, reduzierte geistige Leistungsfähigkeit, Schlafstörungen, Leberschäden und ein erhöhtes Risiko für Osteoporose sind die wichtigsten Probleme, die durch hohen Alkoholkonsum bedingt werden.

Wie auch bei Koffein müssen wir die Tagesdosis im zulässigen Rahmen halten. Frauen sollten weniger Alkohol trinken. Die Alkoholbelastbarkeit ist durch den Stoffwechsel bedingt, der bei Männer und Frauen unter-schiedlich ist und u.a. von der Verteilung und dem Anteil an Körperfett abhängt, der bei Frauen höher ist.

Viele Frauen haben den Eindruck, in den Tagen vor der Periode empfindlicher auf Alkohol zu reagieren. Da Alkohol sowohl depressiv wirken als auch die jeweilige Stimmung verstärken kann, unterliegen sie häufigen Stimmungswechseln und einem allgemeinen Stimmungstief.

Um den Alkoholkonsum in vernünftigen Grenzen zu halten, müssen Sie mit sich sehr ehrlich sein, was die Menge betrifft. Nehmen Sie als ungefähre Maßeinheit einen kleinen Schnaps oder ein Achtel Wein oder ein kleines Bier. Wenn Frauen pro Woche mehr als 14 solcher Einheiten, Männer über 21 trinken, sollten sie etwas dagegen unternehmen.

Bei starkem negativen Stress oder Druck neigt man nicht nur dazu, wegen der entspannenden Wirkung zu viel zu trinken, sondern auch unregelmäßig und schlecht zu essen und möglicherweise auch noch zu rauchen. Wenn Ihnen das nur zu vertraut klingt, sollten Sie verstärkt Vitamine und Mineralstoffe zu sich nehmen. Damit können Sie den durch Rauchen und Trinken bedingten erhöhten Vitamin- und Mineralstoffbedarf kompensieren. Wenn Sie stressbedingt an ständigen Erkältungen leiden, ist die zusätzliche Einnahme von 500 mg Vitamin C für einen Monat sinnvoll.

Um den optimalen Nutzen aus diesen Ergänzungsstoffen zu ziehen, sollten Sie einige Wochen lang ganz auf Alkohol verzichten. Dadurch bekommt die stark beanspruchte Leber eine Ruhephase und kann sich wieder erholen.

Die Zeiten sind lange vorbei, in denen Orangensaft praktisch die einzige alkoholfreie Alternative war. Sprudelnde, mit natürlichem Fruchtaroma versetzte oder nichtalkoholische Getränke auf Kräuterbasis sind eine ausgezeichnete Alternative zum Wein bei Mahlzeit, und in jeder Bar wird eine ganze Reihe Säfte und alkoholfreier Cocktails angeboten. Letztere schmecken wie ihre alkoholischen Pendants und sehen auch so aus. Und schließlich gibt es ja auch Mineralwasser.

Wenn Sie wieder Alkohol trinken wollen, halten Sie sich strikt an die zulässige Tagesmenge. Am besten machen Sie alle paar Wochen für drei oder vier Tage „Alkoholpause", damit sich die Leber regenerieren kann.

Schluss mit Nikotin

Mit dem Rauchen aufzuhören fällt wohl am schwersten, doch zahlen sich die Anstrengungen aus. Wer raucht, erhöht signifikant sein Risiko, an Lungenkrebs, Bronchitis, Osteoporose und Bluthochdruck zu erkranken, Herz-Kreislaufprobleme zu bekommen und frühzeitig zu altern. Rauchen gibt kurzfristig zwar ein Gefühl der Entspannung, doch auf lange Sicht verschlimmert es die Stresssymptome. Zudem macht Nikotin hochgradig abhängig: Ein Raucher, der länger auf seine Zigarette verzichten muss, ist nervös und gereizt.

Ich habe als Homöopathin viele Menschen kennen gelernt, die erfolgreich das Rauchen aufgaben. Einige schafften es durch Nikotinpflaster, andere verzichteten sofort völlig auf Nikotin. Wenn Sie das Rauchen aufgeben wollen, helfen Ihnen vielleicht zusätzlich alternative Therapien wie die traditionelle chinesische Medizin, westliche Kräuterheilkunde, Akupunktur, Hypnotherapie oder Homöopathie.

Egal, welche Art man wählt – am wichtigsten ist es, die Entscheidung ernsthaft und diszipliniert umzusetzen. Wenn Sie nur deshalb mit dem Rauchen aufhören wollen, um einem anderen einen Gefallen zu tun, bleibt das Ganze halbherzig und die Erfolgschancen sind gering. Sind Sie dagegen fest entschlossen und folgen einer der oben genannten Therapien, werden Sie mit recht hoher Wahrscheinlichkeit Erfolg haben.

Während der Dauer des Entzugs ist es für den Körper sehr wichtig, einige zusätzliche Nährstoffe aufzunehmen. Sie helfen ihm, sich zu erholen, weil Giftstoffe effizienter ausgeschieden werden. Manche unterstützen auch das Nervensystem und tragen dazu bei, Gefühle von Gereiztheit und Unruhe zu bekämpfen, die jeden Entzug begleiten.

Übeltäter Schmerztabletten

Wer ständig unter Kopfschmerzen leidet, sollte einmal auf die Sorte der Schmerzmittel achten, die er nimmt: Paracetamol und Codein haltige Medikamente können auf längere Sicht das Problem eher verschlimmern. Codein haltige Schmerzmittel können abhängig machen und schließlich sogar selbst Kopfschmerzen auslösen.

Versuchen Sie es einmal mit wirksamen, aber weniger aggressiven Mitteln gegen Kopfschmerzen (s. S. 109–111). Wenn Sie aber ein Schmerzmittel benötigen, verwenden Sie ein Mittel ohne Codein und halten Sie sich genau an die verordnete Dosis.

Blutzuckerspiegel und Burn-out

Wir haben schon mehrmals darauf hingewiesen, dass der Blutzuckerspiegel eine äußerst wichtige Rolle dabei spielt, unser geistiges, emotionales und körperliches Gleichgewicht zu erhalten. Wenn Ihr Blutzuckerspiegel ständig und schnell zwischen Hochs und Tiefs schwankt, bringt dies eine ganze Reihe unangenehmer Symptome mit sich. Leider ist es manchmal langwierig und gar nicht so einfach festzustellen, wo die Wurzel des Problems liegt.

Das trifft besonders dann zu, wenn noch starker negativer Stress hinzukommt. Denn die Symptome, die allgemein bei niedrigem Blutzuckerspiegel (Hypoglykämie) auftreten, ähneln stark stressbedingten Symptomen:

- Kopfschmerzen
- Schläfrigkeit
- Gereiztheit
- Unter Druck Panikgefühle
- Herzklopfen
- Heißhunger
- Allgemeine Schmerzen
- Verringerte Konzentrationsfähigkeit

Ausgleich des Blutzuckerspiegels

Die meisten Menschen glauben, erhöhter regelmäßiger Zuckergenuss sei die richtige Lösung, wenn diese Probleme infolge eines zu niedrigen Blutzuckerspiegels auftreten oder sich verschlimmern. Das ist leider das Schlechteste, was wir tun können.

Wer regelmäßig Zucker in größeren Mengen konsumiert, dessen Körper reagiert darauf mit einer erhöhten Insulinproduktion, um den Blutzuckerspiegel wieder zu senken. Die Bauchspeicheldrüse ist eine Art Wächter über den Blutzuckerspiegel und entscheidet, wann und wieviel Insulin benötigt wird, um den Spiegel in zulässigen Grenzen zu halten. Wenn der Bauchspeicheldrüse aber zu oft und zu viel Zucker zugeführt wird, gerät das Organ aus dem Gleichgewicht. Dauert dieser Zustand zu lange an, kann daraus eine Erwachsenendiabetes entstehen (Typ II-Diabetes).

Die Typ II-Diabetes tritt normalerweise in mittlerem Alter auf und ist wahrscheinlich die Folge einer langjährigen Ernährungsweise mit zu vielen raffinierten Kohlenhydraten: Weißbrot, geschälter Reis, Nudeln aus Auszugsmehl, Kuchen, viele Snacks – süße wie pikante. Auch diese Produkte sind kritisch für den Blutzuckerspiegel, denn sie enthalten viel Zucker und oft auch zu viel Fett. Die Sache wird noch schlimmer, wenn zusätzlicher Zucker dazu konsumiert wird – in heißen Getränken, Limonade, Cola und Süßigkeiten.

Bevor es soweit ist, kann ein schwankender Blutzuckerspiegel alle möglichen Probleme bereiten: geistige und emotionale Müdigkeit, schnell wechselnde Energiezustände und regelmäßiger oder andauernder Heißhunger auf Süßes oder Salziges. Letzteres ist ein

Nachstehend finden Sie eine Liste von Nahrungsmitteln, die alle stabilisierend auf den Blutzuckerspiegel wirken:

- Vollkornprodukte aller Art, u.a. Brot, Knäckebrot, Nudeln und Reis. Deren komplexe, unraffinierte Kohlenhydrate werden langsamer aufgeschlossen als die raffinierten und sorgen so für einen stabileren Spiegel.
- Frisches Obst, am besten nicht zu Saft gepresst, weil durch das Pressen die Ballaststoffe entfernt werden. Diese verhindern, dass der Fruchtzucker den Blutzuckerspiegel zu stark ansteigen lässt.
- Kleine Mengen Protein: Geflügel, Milch, Käse, Joghurt (pur oder mit frischem Obst gemischt) und Soja
- Nüsse und Samen
- Frisches Gemüse: alle Arten
- Hülsenfrüchte: Bohnen und Linsen
- Fetter Fisch wie Makrele, Sardinen und Lachs enthält wichtige ungesättigte Fettsäuren, die Herz und Kreislauf schützen.

Nachfolgende Produkte sollten mit Vorsicht behandelt werden:
- Alles aus Auszugsmehl und Zucker incl. Weißbrot, Süßigkeiten, Schokolade, Kuchen, Plätzchen und Desserts
- Alkohol und süße Sprudelgetränke
- Frucht„nektar" und Sirup mit Wasser
- Fast Food mit stark verarbeiteten Grundbestandteilen wie z.B. Chicken Nuggets
- Alles, was größere Mengen an „verstecktem" Zucker enthält: Suppenkonserven, Gemüsekonserven, viele verpackte Lebensmittel
- Kaffee: Zu häufiger Genuss – selbst ohne Zucker – wirkt sich stark auf den Blutzuckerspiegel aus. Wenn die anfänglich belebende Wirkung verflogen ist, kann er – wie Zucker – zu Stimmungsschwankungen, Müdigkeit und schlechter Konzentration beitragen.

sicheres Zeichen, dass die Bauchspeicheldrüse überfordert ist: Der Blutzuckerspiegel sinkt zu schnell, und wir brauchen einen neuen Zuckerschub. Dies führt zu einem Teufelskreis, der in einer Erschöpfung der Bauchspeicheldrüse mündet. Doch lassen sich diese Probleme durch frühzeitige Maßnahmen leicht abwenden.

Es geht nur darum, das Problem zu erkennen und dann solche Lebensmittel auf den Tisch zu bringen, die den Blutzuckerspiegel ausbalancieren.

Blutzuckerspiegel-Stabilisatoren

Nicht nur die richtigen Nahrungsmittel und Getränke haben Auswirkungen auf unseren Blutzuckerspiegel, sondern auch die Häufigkeit und Regelmäßigkeit unserer Mahlzeiten. Es ist daher sinnvoll, alle paar Stunden eine kleine Mahlzeit zu sich zu nehmen.

„Klein" heißt hier wirklich klein! Das kann ein Stück Obst oder eine Scheibe Vollkornbrot oder ein Vollkorncracker sein. Raffinierter Zucker in jeder Form sollte vermieden werden.

Fertiggerichte

Wer fast ausschließlich von Fertiggerichten lebt, zieht sich mit der Zeit eine Reihe altbekannter Probleme zu. Ein stark beanspruchender Beruf und das Familienleben können natürlich zwangsläufig zu Situationen führen, in denen alles schnell gehen muss. Fertiggerichte bieten sich dann förmlich an: Die warme Abendmahlzeit ist in wenigen Minuten fertig.

Doch sollten wir überlegen, wie wir die schädliche Wirkung von Fertiggerichten reduzieren können: Je stärker und häufiger wir unsere Mahlzeiten variieren, desto besser ist es.

Am besten ist es, sich auf den gesunden Menschenverstand zu verlassen: Wenn Lebensmittel eine unnatürliche Farbe aufweisen, stark verarbeitet oder verfremdet sind, sollte man der Versuchung widerstehen und auf sie verzichten.

UNTEN: *Tomatenketchup kann ziemlich viel „versteckten" Zucker enthalten.*

Tipps bei Problemen

- Vermeiden Sie Lebensmittel, die zu stark verarbeitet sind oder bei denen Sie die ursprüngliche Substanz nicht wiedererkennen. Achten Sie auf das Verfallsdatum, besonders bei vakuumverpackten Lebensmitteln.

- Lebensmittel, die chemisch konserviert oder deren Aussehen und Geschmack chemisch aufgepeppt sind, gehören nicht in den Einkaufskorb. Solche Chemikalien können den Knochenbau schädigen.

- Verzichten Sie auf zu salzige, geräucherte oder angebratene Lebensmittel. Diese Zubereitungsmethode kann zu Bluthochdruck beitragen. Geräuchertes und Gebratenes kann bei regelmäßigem oder zu exzessivem Genuss außerdem krebserregende Eigenschaften haben.

- Greifen Sie zu einfach zuzubereitenden Lebensmitteln: Huhn oder Fisch müssen beispielsweise nur gegrillt werden.

- Essen Sie täglich mindestens fünf Portionen frisches Obst und Gemüse: ein Stück Obst zum Frühstück, mittags ein großer Salat mit frischem Obst als Nachtisch, ein Stück Obst am Nachmittag, zwei oder drei Gemüsesorten mit einer weiteren Portion Obst zum Abendessen.

- Verzichten Sie darauf, Fertiggerichte in ihrer Kunststoffverpackung in der Mikrowelle aufzuwärmen. Es mag etwas länger dauern, das Essen in eine Glasschüssel umzufüllen, doch ist es unbedingt anzuraten. Es besteht der Verdacht, dass Östrogen-ähnliche Substanzen beim Erhitzen in der Mikrowelle aus dem Plastikbehälter ins Essen gelangen. Xenöstrogene, wie diese Chemikalien heißen, sind für eine Reihe von Gesundheitsproblemen verantwortlich, u.a. Benommenheit, prämenstruelle Verspannungen, gestörtes hormonelles Gleichgewicht und allgemeine Müdigkeit.

Wichtige Nahrungs-ergänzungsmittel

Es ist wichtig, täglich für die Zufuhr aller wesentlichen Nährstoffe zu sorgen. Mit unserem Ernährungsplan ist das kein Problem. Es gibt jedoch Zeiten, in denen der Alltag zu stressig verläuft, und dann können wir durch verschiedene Nahrungsergänzungsmittel unsere Fitness zurückgewinnen. Diese spielen eine wichtige Rolle beim Schutz vor stressbedingten Gesundheitsproblemen.

VITAMIN C
Oft als Allheilmittel bezeichnet, schützt Vitamin C den Körper wirksam vor Infektionen. Es bewahrt vor dem Schaden, den freie Radikale anrichten (das sind im Körper herumvagabundierende Moleküle, die zu degenerativen Erscheinungen wie z.B. Herzkrankheiten und Arterienverkalkung beitragen). Es erhält die Haut gesund und geschmeidig und verkürzt Krankheiten. Vitamin C sollte unbedingt täglich eingenommen werden.

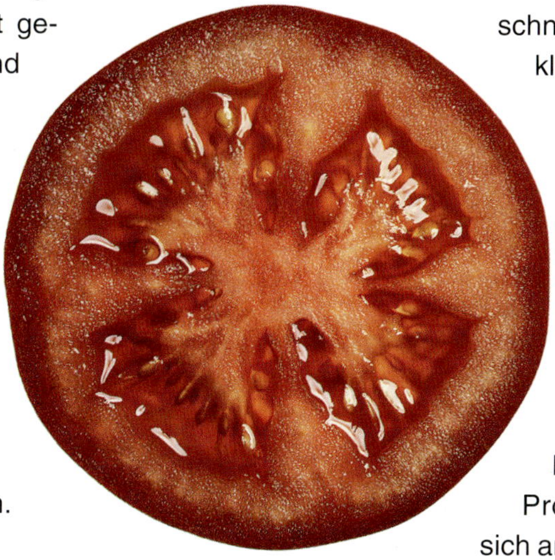

Im Sommer ist das Angebot an Vitamin C-haltigen Lebensmitteln reichlich. Große Salate, frisches Obst, frische Obstsäfte und viel Gemüse schmecken bei Hitze köstlich. Im Winter gestaltet sich die Sache etwas schwieriger – viele Menschen neigen instinktiv zu einem vitaminärmeren Speisezettel. Vitamin C ist nicht sehr beständig; es ist wasserlöslich und kann im Körper nicht gespeichert werden.

Deshalb ist die tägliche Zufuhr von Vitamin C sehr wichtig.

Wenn wir eine Orange durchschneiden und sie vor dem Essen zwei Stunden liegen lassen, ist der Vitamin C-Gehalt nur noch ein Bruchteil des ursprünglichen. Das Vitamin oxidiert sofort, wenn es mit Sauerstoff in Berührung kommt, und wird dadurch nutzlos. Das gleiche gilt für Gemüse wie Paprika oder Tomaten. Diese sind reich an Vitamin C und sollten daher erst unmittelbar vor dem Verzehr zubereitet werden. Da auch Hitze Vitamin C zerstört, sollten die Lebensmittel schonend zubereitet – am besten gedünstet – werden.

Wenn wir zu Alkohol und Zigaretten greifen, um mit dem ständig steigenden negativen Stress fertig zu werden, benötigen wir zusätzliches Vitamin C. Denn Alkohol und Zigaretten behindern die Absorption des Vitamins gerade dann, wenn wir es am meisten brauchen. Ständige oder schnell aufeinander folgende kleinere Infekte, besonders wenn wir überarbeitet sind, sind ein klares Anzeichen für einen Mangel an Vitamin C. Wenn Sie diese Symptome kennen, ist es an der Zeit, mehr Vitamin C-haltige Nahrung zu sich zu nehmen. Das ist überhaupt kein Problem. Orientieren Sie sich an der nachfolgenden Liste:

OBEN: *Schneiden Sie Vitamin C-reiches Obst und Gemüse erst unmittelbar vor dem Verzehr, da Vitamin C bei Luftkontakt zerstört wird.*

- Beeren, besonders Schwarze Johannis-beeren und Blaubeeren
- Erdbeeren
- Zitrusfrüchte: Orangen, Grapefruit, Zitronen und Mandarinen
- Kiwi
- Dunkelgrüne Gemüse, z.B. Brokkoli und Rosenkohl
- Blumenkohl
- Tomaten
- Roter und grüner Paprika (ungekocht)

Wenn Sie längere Zeit Stress ausgesetzt sind, hilft eine Extra-Dosis Vitamin C. Nehmen Sie zwei Wochen lang täglich bis zu 1000 mg ein. Wenn Sie das Vitamin konzentriert zu sich nehmen, verteilen Sie die Dosis auf vier Portionen pro Tag. So kann die Gesamtmenge optimal wirken, denn das Vitamin hält sich im Körper nur relativ kurz. Deshalb kann der Körper mit mehreren kleineren Dosen mehr anfangen als mit der ganzen Menge zu Tagesbeginn.

Nach zwei Wochen reduzieren Sie die Tagesdosis auf maximal 500 mg, bei der Sie normalerweise bleiben können, bis Sie sich wieder fit fühlen. Sollten jedoch Unverträg-lichkeitserscheinungen eintreten (übersäuerter Magen und/oder Durchfall), sollten Sie die Dosis entsprechend herabsetzen.

VITAMIN B-KOMPLEX

Der Vitamin B-Komplex umfasst im wesent-lichen die Vitamine Thiamin (B1), Riboflavin und Niazin (B2), Folsäure und Cobalamin (B12). Sie spielen eine bedeutende Rolle bei der Stärkung des Nervensystems, was in Zeiten von Stress und Druck besonders wichtig ist. Vitamin B aktiviert das Nervensystem und besonders Vitamin B12 fördert den Stoffwechsel von Substanzen, die antidepressiv wirken. Vitamin B6 fand in letzter Zeit viel Aufmerksamkeit, da es bei Frauen das prämenstruelle Syndrom stark abmildert.

LINKS: *Variieren Sie Ihren Speiseplan, damit Ihnen das Essen mit der Zeit nicht langweilig wird.*

Der Vitamin B-Komplex ist wie Vitamin C wasserlöslich und kann im Körper nicht gespeichert werden, doch kann eine zu hohe Dosis von einem isolierten Vitamin B zu neuen Problemen führen. Deshalb sollte eine zusätzliche Vitamin B-Einnahme immer den gesamten Vitaminkomplex umfassen, da die Einzelvitamine in ihrer Wirkung voneinander abhängen. Kaufen Sie kein No-Name-Produkt, damit der gesamte Vitaminkomplex in ausgewogener Mischung enthalten ist – Billigprodukte können eventuell unvollständig sein. Richten Sie sich nach der empfohlenen Dosierung, so lange Sie unter zu viel Stress leiden.

Am besten ist es, bei negativem Stress an Vitamin B reiche Lebensmittel regelmäßig zu essen. Hierzu zählen besonders:

- Geflügel
- Fisch
- Nüsse
- Samen
- Vollkornprodukte wie Vollkornbrot und -nudeln
- Rotes Fleisch (mäßig)
- Sojaprodukte
- Kartoffeln
- Grünes Blattgemüse
- Hefeextrakt

KALZIUM

Auch unser Kalziumbedarf erhöht sich, wenn wir unter Stress stehen, weil das Stresshormon Noradrenalin durch den Körper ausgeschüttet wird. Wenn das regelmäßig geschieht, wird den Knochen dadurch Kalzium entzogen und es besteht die Gefahr, dass sie geschädigt werden. Während und nach der Menopause sind Frauen besonders anfällig, da Knochenabbau (Osteoporose) ein häufiges Problem ist und gerade dann auftritt, wenn der Körper hormonelle Veränderungen durchläuft.

LINKS: *Zitronen enthalten Magnesium, das die Kalziumaufnahme untersützt.*

Wenn Sie zusätzlich Kalzium einnehmen möchten, sollte dies in Kombination mit Magnesium und Vitamin D geschehen, damit die Absorption optimal ist. Kalziumkarbonat ist zwar die häufigste und billigste Darreichungsform, doch kann dies zu anderen Problemen führen: schlechte Absorption, Verdauungsstörungen, Brustknötchen und Neigung zu Nierensteinen. Deshalb ist Kalziumzitrat geeigneter. Es wird schnell absorbiert und verursacht weniger unerwünschte Nebeneffekte. Deshalb sollte es auch mit Magnesium zusammen eingenommen werden, wobei die Magnesiumdosis das Doppelte der Kalziumdosis betragen sollte.

Magnesium ist in einer Reihe von Nahrungsmitteln enthalten, so z.B.:

• Äpfel
• Nüsse
• Samen, besonders Sesam
• Feigen
• Zitronen
• Grünes Gemüse

KAVA KAVA

Kava Kava ist ein nicht abhängig machendes Kräutermittel, das stressbedingte Symptome mildern kann, z.B. Ängstlichkeit und geistige, emotionale und körperliche Erschöpfung. Das aus einer Pfefferpflanze gewonnene Kava Kava wird auf den pazifischen Inseln schon seit längerem als beruhigendes Getränk konsumiert. Es bringt einen gesunden und erfrischenden Schlaf ohne das gerädderte Gefühl, das herkömmliche Schlafmittel oft verursachen.

Die Wirkstoffe in Kava Kava werden Kavalactonen genannt. Sie haben beruhigende, schmerzstillende und muskelentspannende Eigenschaften und eine ähnlich beruhigende Wirkung wie konventionelle Beruhigungsmittel, funktionieren aber anders. Die meisten herkömmlichen Beruhigungsmittel wirken auf

Die Menopause ist ein stressiger Lebensabschnitt. Deshalb ist es für Frauen Ende 40 bis Anfang 50 extrem wichtig, ihren Knochenbau zu schützen. Diesem Leiden kann durch adäquate Kalziumeinnahme vorgebeugt werden.

Auch in anderer Hinsicht unterstützt Kalzium den Körper bei Stress. Es verhilft uns zu einem gesunden Schlaf, sorgt für einen ausgewogenen Kalium- und Natriumhaushalt, senkt den Cholesterinspiegel und hilft, den Blutdruck zu stabilisieren. Es wirkt gegen Muskelkrämpfe, besonders in Kombination mit Magnesium. Kalziumhaltige Lebensmittel sind:

• Milchprodukte wie Käse und Milch
• Fischkonserven, bei denen die Gräten mitgegessen werden können
• Hülsenfrüchte
• Grünes Blattgemüse
• Sojabohnen
• Sesam
• Tofu

spezielle Rezeptoren im Gehirn. Kavalactonen hingegen beeinflussen das Limbische System. Studien haben gezeigt, dass sie für gesunden Schlaf sorgen, indem sie die Kontrolle des Limbischen Systems auf die Empfindungen ändern. Weil sie an anderen Stellen im Körper schmerzstillend und beruhigend wirken, machen Kavalactonen nicht abhängig – was bei herkömmlichen Schmerz- und Beruhigungsmitteln der Fall ist. Aufgrund der muskelentspannenden Eigenschaft hilft Kava Kava besonders gut bei Spannungskopfschmerzen, die durch Nacken- und Schulterverspannung entstehen.

Bei richtiger Dosierung scheint Kava Kava keine größeren Nebenwirkungen zu haben. In sehr hoher Dosis kann es eine Verdickung der Haut an Handflächen und Fußsohlen bewirken. Auch bei gleichzeitiger Einnahme von herkömmlichen Antidepressiva oder Beruhigungsmitteln können Probleme entstehen. Nehmen Sie daher nie beide gleichzeitig ein. Wenn Sie irgendwelche Zweifel haben, fragen Sie Ihren Hausarzt oder einen Apotheker.

durch Stress körperlich erschöpft sind. Es ist jedoch zu beachten, dass kleinere Dosen das Immunsystem stärken, größere aber eher den gegenteiligen Effekt haben und das Immunsystem in seiner Funktion behindern.

Kaufen Sie nur qualitativ hochwertige Produkte und nicht eine Billigmarke, wenn Sie den optimalen Nutzen aus Ginseng ziehen wollen. Billigprodukte enthalten oft nur einen sehr niedrigen Anteil des Wirkstoffs.

Ginseng-Präparate sollten nicht dauerhaft auf Tagesbasis eingenommen werden. Vorzuziehen ist die Einnahme über zwei Wochen, gefolgt von einer zweiwöchigen Pause, nach der wieder eine zweiwöchige Einnahme erfolgt. Die empfohlene Tagesdosis liegt bei 200 mg, aufgeteilt auf zwei Einnahmen zu je 100 mg. Wenn Sie eine Ginseng-Einnahme erwägen, aber unter Bluthochdruck leiden oder ein erhöhtes Risiko für Brust- oder Gebärmutterkrebs haben, sollten Sie vorher einen Arzt konsultieren.

GINSENG

Ginseng werden wichtige vor Stress schützende Eigenschaften zugeschrieben, die Geist und Körper in extremen Stresssituationen helfen. Studien haben gezeigt, dass Ginseng das Gleichgewicht der Neurotransmitter in Stresssituationen aufrecht erhält. Es verhindert nicht nur eine zu hohe Gehirnkortisol-Produktion (die die Konzentration beeinträchtigen würde), sondern sorgt auch dafür, dass der Spiegel von „Wohlfühl"-Substanzen wie Serotonin und Norepinephrin nicht sinkt. Das wiederum verhindert depressive und negative Gefühle. Außerdem reduziert Ginseng Angstreaktionen auf Stress.

Da Ginseng auch positiv auf unser Immunsystems wirkt, ist die Einnahme dieses Ergänzungsmittels besonders wichtig, wenn wir

RECHTS: *Ginseng hilft wirkungsvoll, stressbedingte Symptome abzubauen.*

5 Übungen: Auftanken, Stress abbauen, gesund werden

In meiner Jugend war ich eine Faulenzerin und nun, 40 Jahre später, schreibe ich ein Buch über den vielfältigen Nutzen von körperlicher Fitness. Diese drastische Änderung in meiner Einstellung zu Sport hat viel damit zu tun, dass sich die Übungstechniken in den letzten zwanzig Jahren total geändert haben.

Inzwischen gilt glücklicherweise ein neues Übungsideal, das sich hervorragend dazu eignet, optimales emotionales, geistiges und körperliches Gleichgewicht zu finden. Es bietet einen gewaltigen Kontrast zu den Kraftübungen und den „Kein Schmerz – kein Nutzen"-Philosophie, die in den 1980er Jahren in Mode waren. In dieser Zeit waren Fitness und Schlankheit die ultimativen Ziele. Der Abbau von Stress und die Sorge um die allgemeine Gesundheit waren zwar ebenfalls erwünscht, wurden aber eher als Nebeneffekt angesehen.

Zum Glück machte auch die Fitness-Szene Fortschritte, und wenn wir heutzutage unsere physische Kondition verbessern möchten, können wir aus einer ganzen Reihe von Übungssystemen auswählen, die auch das emotionale und geistige Wohlbefinden sowie

LINKS: *Regelmäßiges Üben macht Spaß und stimuliert unsere Energie und Vitalität.*

die Spannkraft einbeziehen, da sie ungeübte Muskeln verlängern und stärken.

In diesem Kapitel werden verschiedene Aktivitäten vorgestellt, die gleichzeitig Stress reduzieren, die Stimmung ausgleichen und den Energiehaushalt regulieren. Anstatt Energie zu verbrauchen, bauen diese Bewegungssysteme geistige, emotionale und körperliche Spannkraft auf und machen es uns so leichter, mit den Ärgernissen des Lebens fertig zu werden.

Die Wirkung regelmäßiger Übungen

Regelmäßiges Üben, das Freude macht, ist aus zwei Gründen die beste Waffe im Kampf gegen Stress. Erstens geben rhythmische Körperbewegungen dem Körper die Möglichkeit, überschüssige Stresshormone, die aufgrund einer „Kämpfe-oder-flieh-Reaktion" zirkulieren, zu „verbrennen". Zweitens helfen uns die Übungen, Spannungen und Versteifungen in den Muskeln abzubauen, besonders in den Gesichts-, Nacken- und Schulterpartien. Wenn sich diese Verspannungen erst einmal festsetzen, besteht die Gefahr, dass häufige und

regelmäßige Spannungskopfschmerzen und weitere entkräftende chronische Beschwerden auftreten.

Die regelmäßige Ausübung von Yoga, Tai Chi oder Qigong vermindert den Stress ganz erheblich, da sie uns helfen abzuschalten und zu entspannen. Das ist besonders dann wichtig, wenn wir uns plötzlich gereizt und überfordert fühlen oder Probleme haben, nachts durchzuschlafen.

Diese Übungen helfen nicht nur, die Stresshormone im Körper zu verarbeiten, sondern haben auch eine positive Wirkung auf den Kreislauf und unterstützen den Transport von Sauerstoff und Nährstoffen zu jeder Körperzelle. Regelmäßige körperliche Übungen können interessanterweise sowohl eine beruhigende wie aktivierende, die Tatkraft anregenden Wirkung haben. Welche Reaktion eintritt, hängt von der Art der Übung ab.

Regelmäßiges Üben stärkt nicht zuletzt auch die allgemeine Kondition und hilft uns so, wirksamer gegen negativen Stress anzukämpfen.

Zusatzeffekt: Anregung des Geistes

In den letzten Jahren wurde immer deutlicher, dass ganzheitliche Übungsmethoden viele verschiedene Ebenen umfassen und positive Wirkungen auf Geist und Gefühlsleben haben.

Bei regelmäßigem Üben haben Sie gute Aussichten, dass das Selbstwertgefühl und Selbstvertrauen erheblich gestärkt werden – eine direkte Folge des Trainings. Es kann sehr demoralisierend wirken, wenn der Körper zwar nach Aufmerksamkeit verlangt, man aber nicht genügend Motivation und Entschlusskraft hat, etwas dafür zu tun. Dabei würde eine echte Belohnung winken: Wir würden erkennen, wie stark und biegsam der Körper ist. Wir würden uns leicht, schmerzfrei und ohne Verspannungen bewegen – und würden so mit unbezahlbarer Freude belohnt.

Außer diesen reinen Wohlfühlaspekten tritt im Körper eine grundlegende physiologische Veränderung ein, wenn wir regelmäßig üben, die ein tiefes Gefühl des Wohlbefindens auslöst. Wenn wir über eine längere Zeit rhythmische Fitness-Übungen machen, gelangen natürlich vorkommende „Wohlfühl"-Substanzen, die Endorphine, in den Blutkreislauf. Endorphine sind natürlich vorkommende Antidepressiva mit einer beruhigenden Wirkung. Sie lösen ein erhebendes Gefühl aus – z.B. nach einer Walking-Tour, Schwimmen oder einer Radtour.

Es ist bekannt, dass regelmäßige Fitness-Übungen einen signifikanten Einfluss darauf haben, wie wir mit leichten Depressionen oder Ängstlichkeit umgehen. In einer Untersuchung in Kalifornien wurde festgestellt, dass regelmäßiges schnelles Walking den gleichen beruhigenden Effekt hat wie 400 mg eines Beruhigungsmittels.

Beruhigungsmittel und Antidepressiva lindern zwar auch kleinere Depressionen und Angstzustände, doch haben sie gravierende Nebenwirkungen. Sie sollten lieber regelmäßig Sport treiben, wenn Sie Geist und Psyche ins Gleichgewicht bringen wollen. Sie behalten so die Kontrolle über sich selbst, was wiederum das Selbstvertrauen stärkt und die allgemeine Hilflosigkeit bekämpft, die bei Anspannungen oft auftritt.

LINKS UND RECHTS: *Ob Fahrradtouren oder Yoga: Jedes Training tut Körper und Seele gut.*

Ihre Wahl: Übungen für jeden Typ

Wir können hier keinen vollständigen Überblick über alle modernen Übungstechniken geben, sondern wollen die bekanntesten und wirkungsvollsten Bewegungsmethoden vorstellen, die die Körperkräfte und das Wohlbefinden steigern.

Yoga

Yoga ist eine der ältesten und bekanntesten Methoden zur Erlangung körperlicher und geistiger Harmonie. Meistens sprechen wir allgemein von Yoga, doch es gibt verschiedene Formen. Welche davon wir auswählen, hängt von unserer körperlichen Verfassung und unseren Erwartungen ab.

Wer hauptsächlich die Muskeln stärken, die Beweglichkeit erhöhen und Atemtechniken zum Entspannen oder Revitalisieren erlernen will, sollte Hatha Yoga wählen.

Iyengar Yoga stellt größere Anforderungen und verlangt Genauigkeit, wenn aus jeder Stellung der optimale Nutzen gezogen werden soll.

Wer schon körperlich fit ist und in einem Schnellkurs sein Fett abbauen möchte, sollte „Kraftyoga", Astanga Vinyasa Yoga, wählen. Regelmäßiges Praktizieren von Astanga Vinyasa Yoga bringt nicht nur Fitness für Herz und Kreislauf, sondern bewirkt auch einen starken, schlanken und sehr biegsamen Körper.

Yoga ist ein Übungssystem, das uns lehrt, wie wir durch Atmung Stress abbauen und gleichzeitig unsere Gefühle der Anspannung und Ängstlichkeit beruhigen können. Alle Yoga-Formen lehren, wie eine bewusste Kontrolle über die Atmung erreicht wird, um aus jeder Stellung den maximalen Nutzen zu ziehen. Regelmäßiges Praktizieren erhöht den Energiezustand, beruhigt den Geist, steigert das Wohlbefinden, verstärkt die Muskelflexibilität und verbessert den Kreislauf. Die heilende Energie kann frei in alle Körperregionen fließen. Wenn wir Yoga regelmäßig praktizieren, haben wir uns damit eines der wirksamsten Trainingssysteme angeeignet.

Um Yogaübungen korrekt ausführen zu können, sollten Sie einen Kurs besuchen – nur so lernen Sie die Grundstellungen richtig. Später können Sie gut auch allein zu Hause üben; inzwischen gibt es für diesen Zweck auch eine Reihe Videos. Für eine Beratung zu Fragen des Yoga kontaktieren Sie eine Yoga-Schule oder -Organisation (im Internet zu finden). Auch Volkshochschulen halten Kurse ab.

Bedenken Sie, dass sich Ihre Bedürfnisse im Lauf der Jahre ändern können. Vielleicht haben Sie früher schon einmal Yoga ausprobiert und es hat Ihnen nicht gefallen. Vielleicht hat man Ihnen, als Sie die Unterschiede noch nicht kannten, eine Yoga-Form empfohlen, die für Sie ungeeignet war. Versuchen Sie es noch einmal, es lohnt sich bestimmt.

RECHTS: *Nach einer Yoga-Sitzung fühlen Sie sich vital und ausgeglichen – Geist und Körper verschmelzen harmonisch.*

Pilates

Dieses physiotherapeutische System wurde in den 1920er Jahren von Joseph Pilates entwickelt. In den letzten Jahren wurde Pilates erneut poulär. Wer eine Übungsmethode sucht, die negative Auswirkungen von Stress lindert und gleichzeitig eine schlankere Figur schafft, sollte sich näher mit dieser Technik befassen. Das System basiert auf zahlreichen Wiederholungen von kontrollierten, präzisen Bewegungen, die bestimmte Muskelgruppen beanspruchen.

Wenn Pilates regelmäßig praktiziert wird, ist der Nutzen vielfältig und beeindruckend: bessere Körperhaltung, erhöhte Muskelspannkraft und Flexibilität, bessere geistige und emotionale Ausgeglichenheit. Da die richtige Ausführung der Übungen ein erhebliches Maß an Konzentration erfordert und man sehr auf gleichmäßiges und tiefes Atmen achten muss, um Herzfrequenz und Blutdruck zu senken, kann regelmäßiges Praktizieren von Pilates auch stressmindernd wirken.

In einem Pilates-Kurs wird zunächst auf eine stabile Ausgangsstellung geachtet, wobei man sich auf den Bereich zwischen unterem Brustkorb und Hüfte konzentriert. Manche Übungen werden im Stehen durchgeführt, andere im Liegen; in einigen Kursen wird dazu spezielle Ausrüstung benutzt.

Anfänger sollten Pilates in einem Kurs erlernen, um zu verstehen, worum es genau geht, denn die Übungen erfordern Präzision und Sorgfalt, um wirklich effektiv sein zu können. Wenn Sie erst einmal den Zweck jeder Übung kennen, bringen Ihnen Übungen zu Hause zusätzlichen Nutzen.

Qigong

Qigong gilt als eine der entspannendsten und heilsamsten Bewegungsmethoden, um stressbedingte Probleme zu mindern. Besonderen Nutzen bringt es denjenigen, die lernen möchten, wie sie sich konzentrieren und ihre Konzentrationsfähigkeit auch behalten können.

LINKS: *Pilates-Übungen sollen ein Gefühl für den eigenen Körper wecken.*
RECHTS: *Regelmäßig praktiziertes Qigong verhilft zu tiefer geistiger Konzentration.*

Qigong basiert auf sanften, fließenden Übungen mit langsamen, sich wiederholenden Bewegungen, wobei auf eine regelmäßige und tiefe Atmung geachtet wird. Während dieser Übungen sollte man versuchen, sich zu konzentrieren, und sich nicht ablenken zu lassen.

Diese Anti-Stress-Technik bewirkt, dass die Energiereserven zunehmen und sich infolge eines gestärkten Immunsystems der allgemeine Gesundheitszustand sowie die Muskelkoordination und -kraft verbessern.

Als Anfänger sollten Sie Unterricht bei einem traditionellen chinesischen Heiler nehmen oder einen entsprechenden Kurs besuchen.

Alexander-Technik

Diese Technik ist kein Übungssystem im engeren Sinn und erfordert eine Erklärung, um ihre Wirkung bei Stressmanagement und -reduzierung zu verstehen. Ziel der Alexander-Technik ist es, sich eine schlechte Körperhaltung abzugewöhnen, die man sich im Lauf der Jahre unbewusst angewöhnt hat. Diese Körperhaltung zu identifizieren und abzulegen, kann besonders für Menschen sehr befreiend sein, die in Stresssituationen mit unbewusster Mus-kelverspannung und unnatürlicher Körperhaltung reagieren. Diese schlechte Haltung kann auf lange Sicht zu ständigen Spannungskopfschmerzen, Rückenschmerzen und allgemeiner Steifheit sowie Verspannung und mangelnder Beweglichkeit von Gelenken und Muskeln führen.

Aus Sicht der Alexander-Technik hat nicht nur unser Befinden einen erheblichen Einfluss auf die Körperhaltung, sondern ebenso unsere Körperhaltung auf unsere Gefühle und geistige Verfassung. Wenn wir uns beispielsweise angespannt und ängstlich fühlen, beißen wir die Zähne aufeinander. Die Nacken- und Schultermuskeln verspannen sich und werden steif.

Menschen, die den Blick immer zum Boden senken und automatisch eine hängende Körperhaltung mit vorgebeugten Schultern einnehmen, fehlt es an Selbstvertrauen und sie fühlen sich meistens deprimiert oder niedergeschlagen. Da diese Körperhaltung viel Energie kostet, trägt sie auch zu Mattigkeit, Lethargie und Müdigkeit bei.

Doch sind wir all dem nicht hilflos ausgeliefert. Sobald wir erkannt haben, dass wir diese Angewohnheit ändern können, beginnen wir eine befreiende Entdeckungsreise und gewinnen an Selbstbewusstsein. Indem wir bewusst unsere Körperhaltung ändern, werden wir besser mit Angst- oder Spannungssituationen fertig. Außerdem nehmen Angstgefühle und Depressionen in dem Maß ab, wie wir uns unseres Körpers bewusster werden und lernen, uns ausgeglichener und entspannter zu bewegen. Wir können also unsere Körperhaltung durch Gefühle und Gefühle durch eine veränderte Körperhaltung beeinflussen.

Seit Jahren verinnerlichte, fest sitzende Haltungsgewohnheiten kann man sich allerdings nur schwer abgewöhnen. Zu Beginn sind wir immer wieder versucht, in unsere alte Körperhaltung zu verfallen – einfach, weil sie sich anscheinend bequemer anfühlt als die neue, bessere. Es lohnt sich jedoch, konsequent zu bleiben. Wenn Sie erst einmal die Alexander-Technik beherrschen, verfügen Sie über ein praktisches Mittel, das Ihnen zu Zeiten von extremem Druck oder in einer Gefühlskrise nur von Vorteil sein kann.

Die Alexander-Technik muss bei einem Lehrer erlernt werden. Die Kurse haben wenige Teilnehmer, so dass der Lehrer viel Zeit hat, Ihre Körperhaltung bei der Ausführung einfacher, alltäglicher Bewegungen zu beobachten – z.B. beim Setzen und Aufstehen. Im Lauf des Kurses empfiehlt der Lehrer meistens weitere Übungen, die regelmäßig zu Hause durchgeführt werden sollten.

Tai Chi

Tai Chi wurde vor über 1000 Jahren als Kriegskunst in China entwickelt. Seitdem hat es den Ruf einer Bewegungs-Meditationstechnik bekommen, mit der der Energiezustand ausgeglichen und eine größere Harmonie zwischen Geist, Körper und Psyche erzielt wird. Regelmäßiges Praktizieren von Tai Chi vermittelt ein verstärktes Gefühl von Ruhe, mehr Selbstvertrauen und kräftigere Muskulatur.

Tai Chi umfasst eine Reihe kontinuierlicher, fließender Bewegungen, wobei auf bewusstes und regelmäßiges Atmen zu achten ist. Tai Chi stimuliert den Energiefluss durch den Körper, entspannt die Muskeln und verbessert den Kreislauf. Erhöhte Beweglichkeit der Gelenke, flexiblere Muskeln und bessere Körperhaltung

sind weitere positive Effekte von Tai Chi. Wie auch Qigong führt Tai Chi bei regelmäßiger Übung zu einem verbesserten Gleichgewicht und besserer Koordination. Wie die anderen Methoden muss auch Tai Chi in einem Kurs erlernt werden, damit die Bewegungen richtig ausgeführt werden und der Nutzen optimal ist.

Weil Tai Chi die Atmung bewusst macht, ist es besonders hilfreich für Menschen, die bei Stress oder Angst leicht außer Atem kommen. Wer sich seiner Atmung bewusst ist, kann sie auch kontrollieren.

RECHTS: *Üben Sie regelmäßig jeden Tag.*
UNTEN: *Tai Chi verbessert das Gleichgewicht.*

Dranbleiben:
Üben Sie jeden Tag

- Die erste Regel für eine erfolgreiche Einbeziehung der einen oder anderen Fitness-Methode in unser Leben besteht darin, alles möglichst einfach zu gestalten. Viele glauben, sie müssten radikale Schritte unternehmen, um fit zu werden. Voller guter Vorsätze melden sie sich zum neuen Jahr in einem Fitness-Kurs, der vier Abende pro Woche läuft, um im Sommer dann richtig in Form zu sein. Doch klappt es mit diesen guten Vorsätzen oft nicht, weil wir uns zu viel auf einmal vorgenommen oder uns zu viel zugemutet haben. Die anfängliche Begeisterung verschwindet bald, und andere Dinge beanspruchen uns. Noch schlimmer ist, dass wir ein latentes Schuld-gefühl entwickeln, wenn wir unsere unrea-listischen Pläne nicht durchhalten, was un-seren negativen Stress eher erhöht, anstatt ihn zu reduzieren.

- Stellen Sie immer sicher, dass Sie zu der Tageszeit üben, die für sie am besten ge-eignet ist. Jeder hat eine andere innere Uhr und Konstitution, so dass der eine idealer-weise morgens vor der Arbeit übt, während der andere dafür lieber den frühen Abend wählt. Hierfür ein Gespür zu entwickeln, ist sowieso sinnvoll: Indem wir lernen, was für unseren Körper am besten ist, steigern wir die Harmonie zwischen Körper und Geist.

- Seien Sie realistisch, was den Zeitaufwand Ihrer Übungen betrifft. Bedenken Sie, dass Sie sich langfristig festlegen und nicht nur ein paar Wochen üben wollen. Wenn Sie sich nicht zu viel zumuten, werden Sie sich gut an Ihren Zeitplan halten können. Am besten machen Sie die Übungen zu einem fixen Tagesordnungs-punkt – das verspricht den meisten Erfolg. Haben Sie erst einmal Routine, wollen Sie vielleicht sogar noch länger üben, weil Sie erkannt haben und fühlen, wie viel Nutzen Sie aus regelmäßigen Übungen ziehen. Gehen Sie langsam und organisch an ein Trainings-programm heran. In dem Maß, wie es sich ändert oder zunimmt, steigt auch Ihr Interesse. Sie behalten Ihre Motivation und wollen die Übungen nicht mehr aufgeben.

- Am wichtigsten ist jedoch, eine Methode oder eine Kombination zu wählen, die Ihrem Temperament, Geschmack und Ihren In-teressen entspricht. Es hat schließlich wenig Sinn, sich zu einem Tai Chi-Kurs zu zwingen, wenn man eigentlich lieber schwimmen gehen möchte. Geben Sie jedoch einer neuen Methode eine Chance und warten Sie ab, wie sie Ihnen gefällt. Sobald es lang-weilig oder uninteressant wird, versuchen Sie etwas anderes. Denn sonst besteht die Gefahr, dass Sie Ihre Motivation verlieren und die Übungen ganz aufgeben.

6 Wohlbefinden: Den Körper verwöhnen

Wir alle müssen es uns von Zeit zu Zeit einmal richtig gut gehen lassen. In diesem Kapitel zeigen wir Ihnen, auf welche Art Sie dabei am besten Stress abbauen können. Um aber möglichen Schuldgefühlen vorzubeugen, sei gleich vorweggenommen, dass jedes angenehme Erlebnis auch eine wohltuende Wirkung auf unsere Gesundheit hat.

Stressige Erfahrungen haben eindeutig negative Auswirkungen. Sie machen uns anfälliger für Krankheiten wie z.B. Bluthochdruck, Reizdarm und Herzleiden. Erfreuliche Erfahrungen andererseits fördern die Gesundheit. Experimente haben gezeigt, dass unser Immunsystem durch Erinnerungen an Stress und Leid geschwächt wird, während bewusste erfreuliche Erinnerungen ihm förmlich einen Schub geben. Lachen, Liebe und andere sinnliche Freuden haben einen außerordentlich positiven gesundheitlichen Effekt.

Stressbedingte Probleme verschlimmern sich tendenziell, wenn wir zu wenig Zeit für uns selbst haben. Sich Zeit für sich selbst zu nehmen ist daher immens wichtig, um neue geistige, emotionale und physische Energie zu tanken.

LINKS: *Regelmäßige Wohlfühl-Pausen – egal wo – helfen beim Abbau von Stress und Anspannungen.*

Stressabbau durch Massage

Massagen sind eine der entspannendsten und erfreulichsten Behandlungsformen. Wie bei vielen anderen körperlichen Therapien setzt die Wirkung auf verspannte Muskeln und steife und schmerzende Gelenke unmittelbar ein.

Wenn Sie sich besonders verspannt und beengt fühlen, sollten Sie einmal eine(n) qualifizierte(n) Masseur(in) aufsuchen. Allein schon der Gedanke, dass wir während der Massage für niemanden zu sprechen sind und alles außen vor bleibt, bringt Entspannung.

Wenn regelmäßige Massagen zu viel Zeit beanspruchen oder zu teuer sind, sollten Sie wenigstens einmal wöchentlich eine Nacken-Schulter-Massage durchführen lassen, denn viele stressbedingte Probleme wie Spannungskopfschmerzen, Rückenschmerzen und Migräne werden durch anhaltende Verspannung in Nacken und Schultern verstärkt.

Natürlich können Sie die Sache buchstäblich in die eigenen Hände nehmen und sich einmal wöchentlich selbst massieren. Gesicht, Schultern, Hände und Füße sind gut zu erreichen; hier ist eine Selbstmassage sehr hilfreich.

OBEN: *Verwenden Sie spezielle Massage-Öle.*

RECHTS: *Eine Gesichtsmassage entspannt und erfrischt.*

Techniken der Selbstmassage

Um bei Selbstmassage eine optimale Wirkung zu erzielen, muss das richtige Öl verwendet werden. So können die Hände gut über die Haut gleiten, was besonders bei Gesicht und Hals wichtig ist.

Verwenden Sie ein spezielles Gesichtsmassagegel oder einfach Mandel-, Oliven- oder Jojobaöl für das Gesicht. Die Massage kann bis zu einer halben Stunde dauern. Setzen Sie sich also bequem hin. Am wichtigsten ist es, die Raumatmosphäre so entspannend und wohltuend wie möglich zu gestalten. Der Raum sollte angenehm warm und gemütlich sein; auch Kerzen und ruhige, sanfte Musik tragen zur Entspannung bei.

Gesicht

1 Wärmen Sie eine kleine Menge Öl oder Gel in Ihren Handflächen und beginnen Sie am Nacken. Die Haut ist in diesem Bereich empfindlich, so dass die Massage sanft sein sollte, ohne die Haut zu dehnen oder zu zerren.

2 Massieren Sie den Nacken, indem Sie mit leichten, aufwärts gerichteten Bewegungen von einer Seite zur anderen streichen. Am besten sollte eine Hand der anderen in einer kontinuierlichen, rhythmischen Weise folgen. Massieren Sie drei Minuten lang.

3 Legen Sie Ihre Daumen direkt unterhalb des Kinns und die Fingerkuppen darüber auf. Mit leicht kneifenden Bewegungen geht es langsam nach außen, bis Sie bei den Ohrläppchen ankommen. Wiederholen Sie das Ganze zehnmal.

4 Als nächstes nehmen Sie die beiden ersten Finger jeder Hand und gehen beginnend bei der Nase in kleinen drückenden Bewegungen langsam über die Backenknochen. Nehmen Sie dazu die Fingerkuppen und führen Sie sanfte und gleichmäßige Druckbewegungen aus, bis Sie am Oberkiefergelenk ankommen. Wiederholen Sie diese Bewegung zehnmal.

5 Am besten nehmen Sie für die Massage der empfindlichen Haut um die Augen zusätzliche Feuchtigkeitscreme. Hier regen Sie nicht nur einen besseren Fluss der Lymphflüssigkeit an, sondern auch den Abfluss von Flüssigkeit und Toxinen. Beginnen Sie außen an den Augen oberhalb des Knochens, indem Sie mit der Kuppe beider Mittelfinger einen sanften, aber stetigen Druck ausüben und langsam unterhalb der Augen nach innen und entlang der Nase bis zu den Augenbrauen und wieder zurück zum Ausgangspunkt unter den äußeren Augenwinkeln fahren. Wiederholen Sie diese Bewegung zehnmal und achten Sie darauf, dass der Druck rhythmisch, sanft und stabil bleibt.

Schultern

1 Beginnen Sie an der Vorderseite, indem Sie die beiden ersten Finger beider Hände unterhalb des inneren Schlüsselbeins am Halsansatz ansetzen. Mit leichten Druckbewegungen nach außen zum Schultergelenk führen. Für diesen Abschnitt genügen etwa vier solche Bewegungen. Sobald Sie am Schultergelenk angekommen sind, geht es zum Ausgangspunkt zurück. Wiederholen Sie dies fünfmal.

2 Die Rückseite der linken Schulter wird mit Zeige-, Mittel- und Ringfinger der rechten Hand massiert. Massieren Sie den großen dreieckigen Schultermuskel mit rhythmischen Kreisbewegungen, beginnend außen an der Schulter bis hin zur Wirbelsäule. Um die in diesem Bereich häufigen Verspannungen zu lösen, kann der Druck ruhig etwas fester sein. Massieren Sie die linke Schulter so lange Sie wollen. Massieren Sie dann die rechte Schulter mit den Fingern der linken Hand.

Hände

1 Massieren Sie mit Daumen oben und Zeigefinger unten rhythmisch jeden Finger, wobei Sie vom Fingeransatz zur Fingerspitze wandern. Beginnen Sie der linken Hand, angefangen beim Daumen über die Mittelfinger bis zum kleinen Finger. Wiederholen Sie diese Bewegung dreimal an jeder Hand. Anschließend massieren Sie mit kreisförmigen Bewegungen die linke Handfläche mit dem rechten Daumen, dann kommt die rechte Handfläche an die Reihe. Zum Schluss massieren Sie mit den drei Mittelfingern der rechten Hand den linken Handrücken, indem Sie mit kleinen, rhythmischen Bewegungen von den Fingern zum Handgelenk gehen. Wiederholen Sie die Prozedur beim rechten Handrücken.

Füße

Wir können unseren Füßen wie auch unseren Händen erstaunlich viel Stress bereiten, ohne uns dessen bewusst zu sein. Mit diesen Körperteilen befasst man sich erst dann, wenn man Schmerzen hat. Normalerweise werden sie eher vernachlässigt. Eine entspannende Fußmassage bereitet aber nicht nur Vergnügen, sondern zahlt sich auch aus, denn nach dieser Anwendung fühlen sich die Füße wie neugeboren an. Vor der Massage sollte man die Hornhaut an den Fußsohlen mit einem geeigneten Hilfsmittel entfernen.

1 Massieren Sie zunächst die ganze Fußsohle mit festen, rhythmischen Kreisbewegungen. Gehen Sie zur Oberseite erst über, wenn sich die Fußsohlen völlig entspannt anfühlen. Massieren Sie mit der Daumenkuppe in kleinen Kreisbewegungen von den Zehen über den Fuß bis zum Fußgelenk.

LINKS: *Nacken und Schultern sind häufig verspannt.*

UNTEN: *Durch gezielte Massage der Punkte an den Fußsohlen lassen sich Schmerzen lindern.*

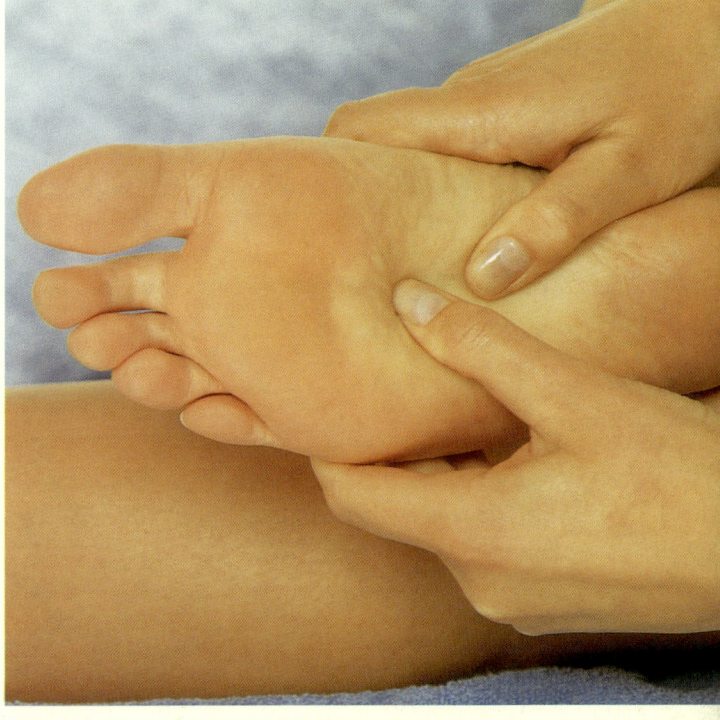

Hydrotherapie zu Hause

Negativer Stress macht schlapp, träge und müde. Diese Wirkung wird noch verstärkt durch die Ablagerung von Giftstoffen im Körpergewebe – als Ergebnis schlechter Ess- und Trinkgewohnheiten und einer sitzenden Tätigkeit und wenig Bewegung. Wir können unserem Körper jedoch Energie zurückgeben, indem wir den Fluss der Lymphflüssigkeit anregen und unsere Ess- und Trinkgewohnheiten verbessern. Das Lymphsystem kann leicht durch regelmäßige Anwendung einer Kombination von Hydrotherapie und Hautbürsten stimuliert werden.

Trockenes Hautbürsten

Die Lymphflüssigkeit hat die Aufgabe, Giftstoffe aus dem Körper auszuschwemmen, das Gewebe mit Nährstoffen zu versorgen und das Immunsystem leistungsfähig zu erhalten. Wer dafür sorgt, dass der Lymphkreislauf funktioniert, wird nicht mehr so schnell müde und hat gute Chancen, weniger frühzeitig zu altern. Auch nimmt das Risiko ab, an Zellulitis zu erkranken. Diese „Orangenhaut" bildet sich besonders häufig an Gesäß und Oberschenkeln.

Trockenes Hautbürsten gilt als eine der wirksamsten und einfachsten Arten, wie sich ein guter Fluss der Lymphflüssigkeit anregen lässt. Man benötigt dazu lediglich eine feste Bürste mit Naturborsten.

- Bürsten Sie Ihre Haut täglich, entweder morgens vor dem Duschen oder abends vor dem Baden.
- Bürsten Sie mit großen, schwungvollen Bewegungen von den Füßen aufwärts, an der Vorder- und Rückseite der Beine entlang, und konzentrieren Sie sich besonders auf Oberschenkel und Gesäß.
- Üben Sie festen, aber nicht zu starken Druck aus. Vermeiden Sie aber die Bereiche, an denen Venen geplatzt sind oder die Haut entzündet oder verletzt ist.

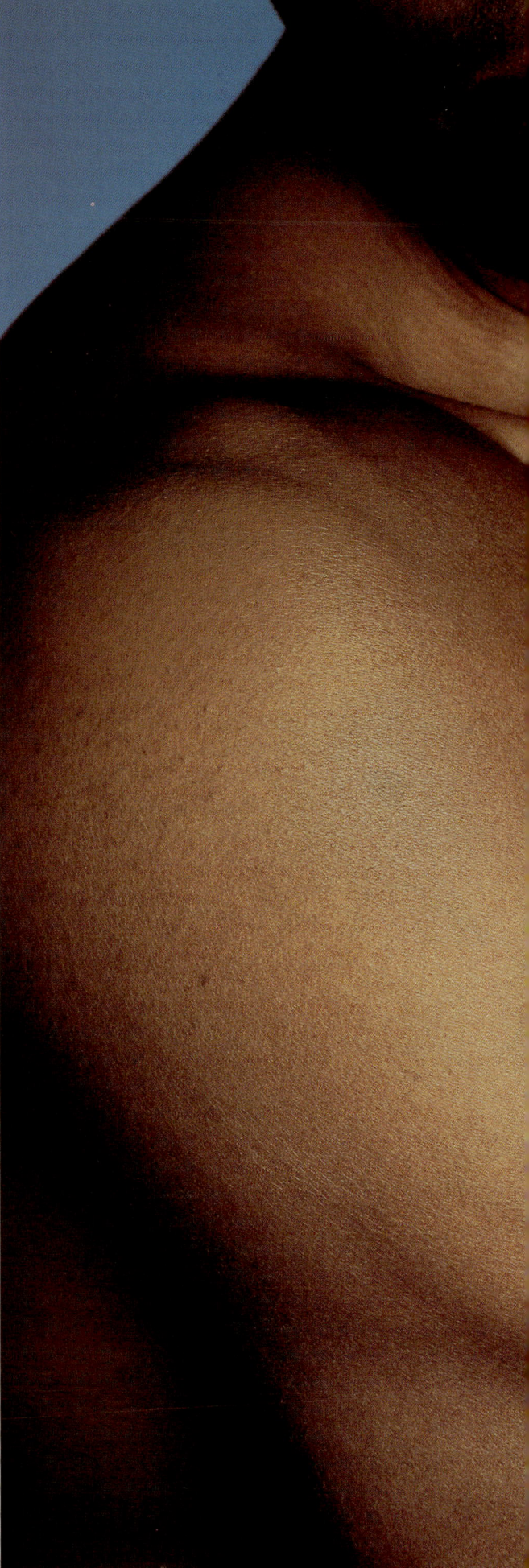

LINKS: *Trockenes Hautbürsten wirkt hervorragend auf das Lymphsystem.*

- Bürsten Sie den Oberkörper in großen, sanften Bewegungen von oben nach unten oder umgekehrt, aber immer zum Herz hin.
- Tun Sie nicht zu viel des Guten – einmaliges Bürsten pro Tag reicht aus, um die Zirkulation anzuregen und die Lymphflüssigkeit besser strömen zu lassen.

Einfache Hydrotherapie-Techniken

Regelmäßige Wasseranwendungen (Hydrotherapie) wird eine Stimulierung der Vitalität und des Wohlbefindens zugeschrieben. Sie verbessern auch die Haut, schützen vor ständig wiederkehrenden kleineren Infekten und stützen den Kreislauf. Hydrotherapie regt die Nieren-, Darm- und Lungentätigkeit an, wodurch Giftstoffe besser aus dem Körper ausgeschwemmt bzw. abgebaut werden.

Hydrotherapeutische Behandlung wird seit langem in vielen europäischen Heilbädern angeboten. Man kann auch zu Hause hydrotherapeutische Maßnahmen durchführen. Dazu benötigt man nicht mehr als einen ganz normalen Duschkopf.

Hinweis: Wer sich allgemein guter Gesundheit erfreut und an keinerlei chronischen Beschwerden leidet, kann Hydrotherapie ohne Bedenken auch zu Hause ausprobieren. Falls Sie jedoch irgendwelche Zweifel haben, ob Hydrotherapie für Sie das Richtige ist, oder wenn Sie an Angina, Herzproblemen, Schuppenflechte, Ekzemen, Krampfadern oder Krampfadergeschwüren leiden, sollten Sie vorher einen Arzt konsultieren.

- Bürsten Sie vor der Hydrotherapie die Haut ab. Dann folgt eine sanfte Dusche, die den Körper vollständig erwärmen soll. An diese schließt sich 20 Sekunden lang eine erfrischende kalte Dusche an.

- Danach folgt wieder eine warme Dusche. Duschen Sie sich zum Schluss noch einmal kurz kalt ab.
- Wenn Ihnen anfangs eine 20 Sekunden lange Kaltdusche zu lang vorkommt, dürfen Sie ruhig kürzer anfangen und die Zeit langsam ausdehnen. Dieses Kapitel handelt von gesundheitsfördernden und sinnlichen Erfahrungen – Sie sollten sich also auf jede Anwendung freuen. Sobald Ihnen 20 Sekunden Dauer angenehm sind, lassen Sie es dabei. Es ist überhaupt nicht ratsam, länger als 30 Sekunden kalt zu duschen.
- Beginnen Sie nicht mit einer kalten Dusche, besonders wenn Sie schon ausgekühlt sind. Damit die Therapie wirkt, wärmen Sie sich immer vorher auf.
- Ein kurzer kalter Wasserstrahl hilft auch dort, wo die Hautfarbe ungesund aussieht oder die Haut schlaff erscheint. Besonders wirksam ist diese Behandlung an den Oberschenkeln, Oberarmen und im Brustbereich.
- Lassen Sie die Haut in einem warmen Raum trocknen, anstatt sie mit einem Handtuch abzurubbeln.

Angenehme Düfte: Aromatherapie

Die Aromatherapie ist inzwischen als eine wichtige Ergänzungstherapie anerkannt, die ein tiefes Gefühl emotionaler, geistiger und körperlicher Ausgeglichenheit hervorruft. Hoch konzentrierte ätherische Öle können auf verschiedene Weise verwendet werden, je nach persönlicher Vorliebe oder Zweckmäßigkeit. Ätherische Öle können Sie:

- verdunsten lassen oder inhalieren
- in speziellen Mischungen einem Basisöl zufügen und einmassieren
- dem Badewasser zufügen, um eine entspannende, belebende oder sinnliche Badeatmosphäre zu erzeugen.

Bei der Bekämpfung von Stressproblemen ist die Aromatherapie ein sehr angenehmes Mittel, um zu entspannen. Ätherische Öle lässt man verdunsten, indem man sie mit Wasser mischt. Ein Massageöl hingegen ist eine Mischung von einigen Tropfen ätherischer Öle und einem Basisöl, z.B. Mandelöl, die in einer sauberen Glasflasche vermischt werden. (Für längere Haltbarkeit sollte das Glas getönt sein.) Die Mischung wird vor jeder Anwendung gründlich geschüttelt. Ihre Wirkung hängt von den Eigenschaften der ätherischen Öle ab. Die nachstehenden Mischungen können sowohl zum Abschalten als auch zur Belebung der Sinne verwendet werden.

LINKS UND UNTEN: *Eine Dusche erfrischt und spendet Energie; ein angenehm warmes Bad hingegen wirkt entspannend.*

STRESSLINDERNDE MASSAGEMISCHUNG

Vermischen Sie 8 Tropfen ätherisches Bergamotteöl, 3 Tropfen Muskatellersalbeiöl, 3 Tropfen Neroliöl und 5 Tropfen ätherisches Weihrauchöl mit 50 ml eines Basisöls, z.B. Mandelöl oder unraffiniertes Sonnenblumenöl.

Aufmunternde Massagemischung

Vermischen Sie 4 Tropfen ätherisches Zitronenöl, 8 Tropfen Korianderöl, 4 Tropfen Neroliöl und 3 Tropfen Ylang-Ylang-Öl mit 50 ml eines Basisöls.

SCHLAFFÖRDERNDE MASSAGEMISCHUNG

Diese Mischung besteht aus 12 Tropfen Lavendelöl, 8 Tropfen Neroliöl und 5 Tropfen Rosenöl, vermischt mit 50 ml Basisöl.

ANGSTABBAUENDE MISCHUNG

Mischen Sie 6 Tropfen Wacholderöl, 3 Tropfen Rosenöl und je 5 Tropfen Zedernholzöl und Sandelholzöl mit 50 ml eines Basisöls.

KOPFSCHMERZLINDERNDE MISCHUNG

Fügen Sie 2 Tropfen Pfefferminzöl, 5 Tropfen Lavendelöl und 5 Tropfen Eukalyptusöl einer Basis-Creme oder einem Basisgel zu. Tragen Sie von dieser Mischung etwas an Nacken und Schläfen auf.

BELEBENDE MISCHUNG ZUM VERDUNSTEN

Mischen Sie 5 Tropfen Zypressenöl, 5 Tropfen Kiefernöl und 10 Tropfen Rosmarinöl mit 100 ml Wasser in einer dunklen Glasflasche. Schütteln Sie die Mischung gründlich. Sie kann beispielsweise in einem Aromalämpchen verdunsten. Sie können die Mischung immer dann verwenden, wenn der Stress überhand nimmt.

LINKS: *Rosenöl wirkt aufbauend und beruhigend, während Rosmarinöl einen belebenden Effekt hat.*
RECHTS: *Ätherische Öle verdunsten zu lassen ist eine einfache Methode, ihre stressmindernden stimmungsausgleichenden Eigenschaften zu nutzen.*

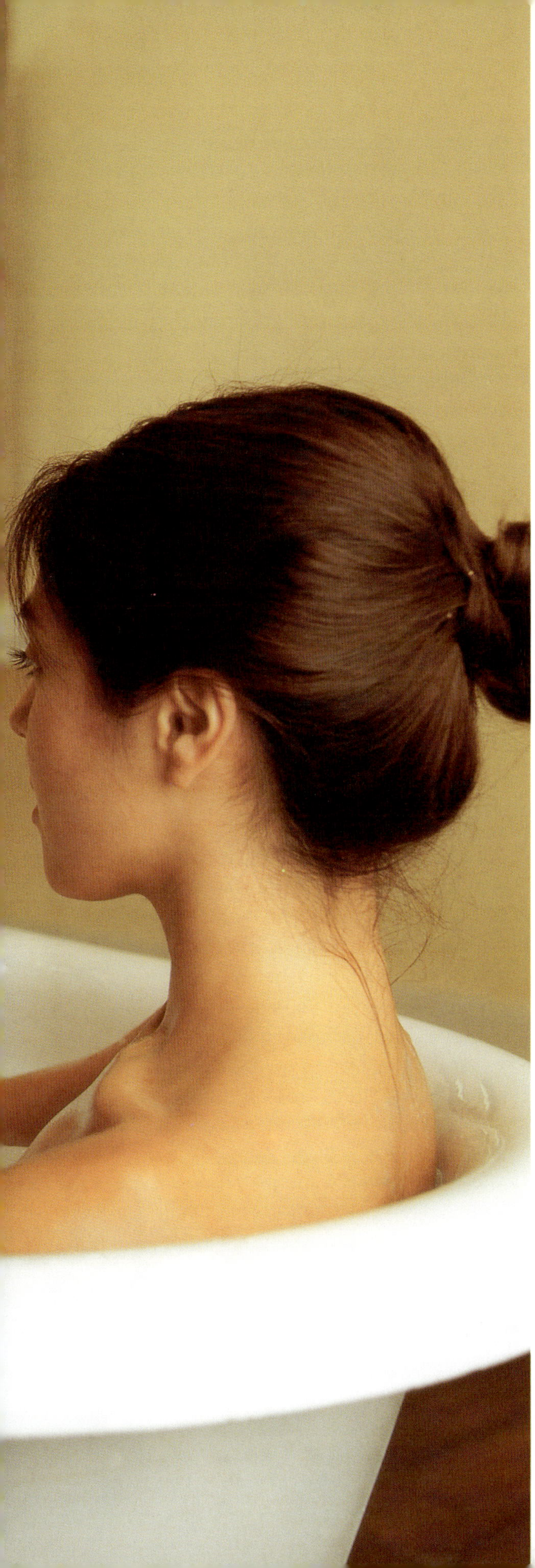

Das Bad: der Kurort zu Hause

Wir alle brauchen einen Zufluchtsort, in den wir uns bei zu viel Stress oder Hektik zurückziehen können. Welches Zimmer wir dafür auswählen, ist reine Geschmackssache. Die einen möchten sich am liebsten ins Schlafzimmer verkriechen, andere haben vielleicht ausgefallene Ideen.

Da das Badezimmer jedoch bereits ein privater und intimer Ort ist, der für sinnliche Freude und Entspannung gedacht ist, eignet es sich besonders gut als Zufluchtsort. Es lohnt sich, das Badezimmer besonders angenehm zu gestalten. Lassen Sie sich von den folgenden Vorschlägen inspirieren, doch bringen Sie auch Ihre eigenen Ideen ein – so erhalten Sie einen Ort, an dem Sie das Alltagsleben völlig außen vor lassen können.

LINKS: *Flackernder Kerzenschein im Bad schafft eine entspannte Atmosphäre.* UNTEN: *Kräuter im Badewasser helfen uns abzuschalten.*

- Durch Kerzenlicht können Sie eine sanfte, schummrige Beleuchtung erzielen. Im Handel gibt es dazu die schönsten Kerzenhalter. Der Chandelier du bain ist herrlich dekadent – man bringt ihn neben der Badewanne an, auf einer Seite befindet sich der Kerzenhalter, auf der anderen eine flache, runde Unterlage, auf der Sie ein Glas Champagner abstellen können.

- Wählen Sie Kerzen, die nach ätherischen Ölen duften – so sprechen Sie zwei Sinne gleichzeitig an.

- Um vollkommen abschalten zu können, müssen Sie auch etwas fürs Auge tun. Verwenden Sie bei der Dekoration des Badezimmers daher Farbkombinationen, die Ihnen gefallen. Hängen Sie auch Bilder, Fotos oder Drucke auf, die Sie mögen. (Bedenken Sie aber, dass der Wasserdampf ihnen auf Dauer zusetzt.)

- Das Badezimmer sollte angenehm geheizt sein. Es gibt nichts, was der Entspannung abträglicher ist als zu frieren.

- Verwenden Sie weiche Handtücher von guter Qualität, die sich angenehm anfühlen. Auch der Bademantel sollte hochwertig sein und sich auf der Haut gut anfühlen.

- Ein bisschen Aufräumen hat therapeutische Wirkung. Alles, was nicht einem sinnvollen Zweck dient, gehört nicht hierher.

- Wenn Sie ein entspannendes, schlafförderndes Bad nehmen möchten, fügen Sie zwei oder drei Hände voll Salz aus dem Toten Meer sowie fünf Tropfen Lavendel- oder Sandelholzöl hinzu und genießen Sie das warme Bad für etwa zehn Minuten. Dann duschen Sie mit warmem Wasser das Salzwasser ab. Hüllen Sie sich in einen warmen Bademantel, genießen Sie eine Tasse Kamillentee und kriechen Sie dann ins Bett.

LINKS: *Wählen Sie fürs Badezimmer Farben, die Ihnen besonders gut gefallen.* RECHTS: *Salz aus dem Toten Meer wirkt nicht nur entgiftend, sondern lindert auch hervorragend Stress.*

7 Neues Gleichgewicht: Mit alternativen Therapien gegen Stress

Viele Alltagsbeschwerden, die durch negativen Stress verursacht werden, lassen sich recht einfach behandeln. Wir stellen in diesem Kapitel praktische Therapien vor und zeigen auch Alternativen auf, um Druck und Anspannung zu mindern, wenn es einmal hart auf hart zugeht. Die beschriebenen Selbsthilfemaßnahmen stammen alle aus dem Bereich der Homöopathie, Kräuterheilkunde und Aromatherapie.

Es werden nur Therapien empfohlen, die keine Abhängigkeiten erzeugen und höchstwahrscheinlich keine Nebenwirkungen haben. Falls Sie Zweifel an der Eignung einer Therapie für sich haben, konsultieren Sie Ihren Arzt, einen Apotheker oder alternativen Therapeuten.

Wenn Sie bei einer bestimmten Therapie nur eine kurzzeitige Verbesserung Ihres Befindens oder Linderung bestimmter Beschwerden verspüren, bedeutet dies nicht, dass eine weitere Besserung unwahrscheinlich ist. Konsultieren Sie einen entsprechenden Therapeuten und informieren Sie ihn über Ihre Erfahrungen und Reaktionen auf die Behandlung.

LINKS: *Entspannungstechniken helfen wirkungsvoll gegen Angstvorstellungen – wenn auch nur vorübergehend.*

Natürliche Behandlung von Angst

Angst oder Beklemmung ist ein Zustand, der sich in vielen verschiedenen Symptomen äußert. Jeder kennt vermutlich die „Schmetterlinge", dieses flaue Gefühl im Magen, das in Erwartung eines aufregenden Ereignisses oder einer Herausforderung entsteht. Es verschwindet, sobald das Ereignis vorüber ist, und wir sind wieder entspannt. Dieses Kribbeln ist nur ein leichtes Symptom, zeigt jedoch gut, wie sehr Angst oder Nervosität uns beeinträchtigen.

Am anderen Ende dieses Spektrums von Symptomen stehen Angstattacken, die ohne erkennbaren Anlass auftreten und den gesamten Körper befallen. Betroffene fühlen sich benommen, kurzatmig, elend und von Panik überflutet. Wenn nichts dagegen unternommen wird, können Angstzustände zu regelrechten Phobien heranwachsen.

Wer aufgrund von zunehmendem Stress bei der Arbeit oder zu Hause mittelschwere Angstsymptome zeigt, steht irgendwo zwischen diesen Extremen. Hier können die empfohlenen Eigentherapie-Strategien gut

OBEN: *Angstzustände können eskalieren, wenn zu hohe oder unrealistische Anforderungen gestellt werden.*
RECHTS: *Atemtechniken helfen, den Geist zu konzentrieren und den Körper zu entspannen.*

- Herzklopfen (unregelmäßiger oder schneller Herzschlag)
- Übelkeit
- Starkes Schwitzen
- Durchfall
- Benommenheit
- Kribbeln in Händen und Armen
- Schnelle, flache Atmung
- Trockener Mund
- Magen- und Darmkrämpfe
- Schlafstörungen
- Muskelzittern

Atmung

Wenn wir mit Angst- und Panikgefühlen fertig werden wollen, ist es besonders wichtig zu lernen, wie wir unsere Atmung regulieren können. Sobald wir unter großem Stress oder Druck stehen, neigen wir dazu, nur im oberen Lungenbereich schnell und flach zu atmen. Diese Atemweise löst ein Ungleichgewicht der im Blut gelösten Gase Sauerstoff und Kohlendioxid aus, wodurch Körper und Geist noch verspannter und ängstlicher werden.

Weiß man andererseits, wie man durch Änderung der Atmungsweise einen ruhigen und geistig klaren Zustand erreicht, behält man auch in Stresssituationen die Kontrolle.

Diese Atmungsweise ist eine Art Atemkontrolltechnik, die im Yoga gelehrt wird. Sie berücksichtigt, dass die meisten Menschen oft beim Atmen den unteren Lungenbereich nicht aktivieren. Unter Stress ist das noch ausgeprägter, also genau dann, wenn die volle Lungenkapazität benötigt würde, um sich zu beruhigen.

Beobachten Sie zunächst einmal Ihre normale Atmungsweise. Setzen Sie sich aufrecht auf einen Stuhl mit einer Hand im Nabelbereich auf dem Bauch. Achten Sie bewusst darauf, nicht anders zu atmen als gewöhnlich: Sie sollen Ihre Atmung nur beobachten. Wahrscheinlich bewegt sich Ihre Hand kaum. Nun atmen Sie lange und tief ein, so dass sich Ihre Lunge

eingesetzt werden. Sie helfen, die Angst abzubauen, die durch zu starken Stress entstanden ist. Zeigen sie erst einmal Wirkung, können wir uns wieder entspannen. Wir können Bestandsaufnahme machen und versuchen Wege zu finden, mit dem Stress insgesamt besser fertig zu werden.

Wenn Sie allerdings glauben, dass die Symptome schwerwiegend sind, sollten Sie einen alternativen Therapeuten, z.B. einen Heilpraktiker oder Experten für Kräuterheilkunde konsultieren. Diese Therapeuten kennen Medikamente, die die Angstsymptome sehr wirksam mildern und keine Abhängigkeit erzeugen – was bei längerfristiger Einnahme konventioneller Medikamente wie z.B. von Beruhigungsmitteln immer droht.

Ein alternativer Therapeut kann auch emotionale Unterstützung bieten, die bei der Einnahme konventioneller Medikamente sehr wichtig ist. Nachstehende Symptome von Angst sind sehr häufig, können aber natürlich in ihrer Ausprägung stark schwanken:

langsam von oben bis ganz unten füllt. Wenn sich die Lunge ganz mit Luft füllt, hebt sich Ihre Hand. Beim Ausatmen leert sich die Lunge von unten nach oben und Ihre Hand geht in die Ausgangslage zurück. Atmen Sie fünfmal auf diese Weise und konzentrieren Sie sich dabei auf ihre Empfindungen. Sobald Sie mit den Eindrücken und Erfahrungen bei dieser Technik erst einmal völlig vertraut sind, können Sie sie immer einsetzen, wenn es einmal hektisch wird – so behalten Sie Ruhe und einen klaren Kopf.

Falls Sie sich anfangs etwas benommen fühlen, ist das kein Grund zur Sorge. Atmen Sie ein paarmal wieder normal und versuchen Sie es nochmals. Achten Sie immer auf regelmäßige und unverkrampfte Atmung; Ein- und Ausatmen sollten etwa gleich lang dauern.

Diät

Bestimmte Lebensmittel und Getränke tragen zum Entstehen von Beklemmungen bei und erhöhen deren Intensität. Zu den Getränken, die uns schaden, gehören starker Tee, Kaffee, Cola und Energy-Drinks, die viel Koffein enthalten. Bei Nahrungsmitteln sind es besonders die zuckerhaltigen Süßigkeiten, die uns launisch und reizbar machen.

Entscheiden Sie sich lieber für beruhigendes Essen, das für gleichmäßige Energie sorgt: Vollkornbrot, frisches Obst (besonders Bananen wegen ihres Tryptophan-Gehalts), Milchprodukte, Avocados und Salat. Trinken Sie Kamillentee, wenn Sie sich gereizt und nervös fühlen. Vermeiden Sie bei Stress lange

Abstände zwischen den Mahlzeiten. Ein Snack alle zwei Stunden hält Ihren Blutzuckerspiegel stabil.

Übung

Wer überwiegend im Sitzen arbeitet oder ständig unter Druck steht, leidet viel eher an Beklemmungen und Anspannung als jemand, der körperlich arbeitet. Falls Sie nur sehr wenig für Ihre Fitness tun, sollten Sie Herz, Lunge und Muskeln so bald wie möglich etwas „anbieten". Wählen Sie ein Training, das Ihrem Temperament entspricht – sonst wird es schnell langweilig, und Langeweile ist einer der größten Stressfaktoren. Schwimmen, Walking und Radfahren sind ausgezeichnete Möglichkeiten; Yoga, Tai Chi und Qigong sind mehr auf Entspannung ausgerichtete Techniken.

Nahrungsergänzung

Der gesamte Vitamin B-Komplex unterstützt ein gestresstes Nervensystem. Die Einnahme von B-Vitaminen zahlt sich also immer aus.

Kava Kava ist eine wirksame Alternative zu herkömmlichen Beruhigungsmitteln. Es gibt hier keine Abhängigkeitsprobleme, wie es bei Benzo-diazepin-Beruhigungsmitteln der Fall ist. Wenn Sie allerdings bereits Tranquilizer oder Antidepressiva einnehmen, verzichten Sie auf Kava Kava, weil dann Nebenwirkungen auftreten können.

Aromatherapie

Fügen Sie Ihrem Badewasser fünf oder sechs Tropfen ätherisches Öl zu. Bergamotte, Lavendel, Muskatellersalbei oder Ylang Ylang wirken beruhigend. Sie können einzeln oder kombiniert verwendet werden. Die beste

therapeutische Wirkung erzielen Sie, wenn Sie das Öl dem Wasser beigeben; wenn Sie zuerst das Öl eintropfen, verdunstet es mit dem Dampf im einlaufenden Wasser.

Aus zwei oder drei Tropfen ätherischem Öl pro 5 ml Basisöl können Sie ein Massageöl mischen – Kamille, Geranium, Bergamotte und Muskatellersalbei zerstreuen die Beklemmung.

Alternativ können Sie diese Öle in einem Aromalämpchen verdunsten lassen. Oder tropfen Sie ein bis zwei Tropfen auf ein Tuch und inhalieren Sie bei Bedarf.

Blütenessenzen

Sobald sich die ersten Warnzeichen für Stress und Beklemmung zeigen, können Sie ein paar Tropfen Bachblütenauszüge einnehmen. Die kleinen Fläschchen passen in jede Tasche. Tropfen Sie sich etwas unter die Zunge oder mischen Sie die empfohlene Tropfenzahl in ein kleines Glas Wasser oder Obstsaft.

Kräuter

Wenn Beklemmung und Anspannung drohen, kann auch ein Kräuteraufguss sehr wirksam sein. Versuchen Sie Kamille, Baldrian oder Lindenblüten. Wählen Sie sorgfältig – der Tee muss Ihnen schmecken, wenn er helfen soll, wie ein ätherisches Öl auch gut duften muss, um zu wirken. Sorgen Sie auch für Abwechslung, denn es ist nicht ratsam, ein bestimmtes Kraut zu lange einzunehmen. Baldrian beispielsweise wirkt selten und in kleinen Dosen eingenommen besänftigend und fördert die Entspannung. Bei regelmäßiger Einnahme kann er hingegen sogar zu den Problemen beitragen, indem es Herzklopfen, Kopfschmerzen und Muskelkrämpfe auslöst.

LINKS: *Nehmen Sie sich Zeit zum Üben, auch wenn der Alltag hektisch ist.* RECHTS: *Bachblütenessenzen entspannen wirksam und machen nicht abhängig.*

Homöopathische Heilmittel

Aconit Eine aufregende Nachricht löst bei manchen Menschen ein beklemmendes Gefühl aus. Nachts kann sich das Gefühl bis zu Panik und Horror verstärken, begleitet von schwerem Herzklopfen, physischer und geistiger Rastlosigkeit. In diesem Zustand können einige Dosen Aconit gut helfen.

Gelsemium Sich langsam aufbauende Angst, die vor einem besonders stressigen Ereignis (z.B. einem öffentlichen Vortrag) leicht eskaliert, kann durch eine Behandlung mit Gelsemium erheblich gelindert werden. Dieses Heilmittel ist angesagt bei Symptomen wie Gereiztheit (bis das Ereignis vorüber ist) sowie ständigem schmerzlosem Durchfall und Spannungskopfschmerzen.

Arsenicum album kann sehr wirksam bei der Behandlung von Beklemmung sein, die auftritt, wenn man sich selbst zu hohe, Maßstäbe setzt und weitere Faktoren dies unterstützen. Dazu zählen Schlafstörungen – z.B. Aufwachen um 2 Uhr nachts mit Nervosität, Grübelei und Kälteempfinden – und die Tendenz, unter Druck zwanghaft zu reagieren.

Phosphor hilft sehr gut bei Patienten, die normalerweise offen, schwungvoll und zuversichtlich sind, aber vorübergehend bei Erschöpfung Beklemmungsgefühle zeigen. Dies führt zu einer unspezifischen Angst, die sich leicht mit allem assoziiert, was sich gerade ereignet. Menschen, die auf dieses Mittel ansprechen, sind anderen gegenüber sensibel und aufgeschlossen.

Natürliche Behandlung bei Depressionen

Depressionen sind eine Art Spiegelbild der Angst. Oft tritt beides gleichzeitig auf, und nur wenige ängstliche Menschen sind noch nie in ein Stimmungstief gefallen.

Wie ein Beklemmungszustand kurz oder lang anhaltend sein kann, so sind auch Depressionen entweder nur schwach ausgeprägt oder beherrschen das ganze Leben. Wir können uns ohne ersichtlichen Grund bedrückt fühlen, uns aber auch nach einem aufregenden Ereignis kaputt und ausgepowert fühlen. Depressionen können eskalieren, wenn wir zeitweise mehreren verschiedenen Stresssituationen ausgesetzt sind und damit nicht fertig werden.

Die nachfolgenden Maßnahmen sind für diejenigen gedacht, die nach einem stressigen Ereignis oder einer Reihe kleinerer Probleme an Depressionen leiden. Es handelt sich also um Selbsthilfemaßnahmen bei Niedergeschlagenheit, aber sie sind nicht zur Behandlung einer klinischen Depression geeignet. Alternative und ergänzende Therapien sind auch bei letzterem hilfreich, doch muss in diesem Fall ein qualifizierter Therapeut zu Rate gezogen werden. Das liegt zum Teil an der komplexen Natur von Depressionen, besonders aber am Zusammenwirken von Medikamenten. Homöopathische Mittel sind in dieser Hinsicht zwar unproblematisch, doch bei Medikamenten der westlichen und traditionellen chinesischen Kräuterheilkunde können Komplikationen auftreten. Wer bereits herkömmliche Medikamente einnimmt, muss einen Arzt konsultieren, bevor er ergänzend Kräuterheilmittel anwendet.

Leichte bis mittlere Depressionen sind an folgenden Symptomen zu erkennen:

RECHTS: *Alternative und ergänzende Therapien helfen hervorragend bei leichten und mittleren Depressionen.*

- Schlafstörungen mit der Neigung, früh morgens ängstlich aufzuwachen
- Appetitlosigkeit
- Schlechte Konzentration
- Mangelnde Motivation und Energie
- Müdigkeit
- Stimmungsschwankungen
- Schwache Libido
- Ständig negative Gedanken
- Zu schnelles Atmen und/oder Herzklopfen

Es gibt bestimmte Ereignisse im Leben, die für Depressionen anfällig machen, z.B.:
- Schwangerschaft – der Zustand selbst sowie danach
- Arbeitslosigkeit
- Finanzielle Probleme
- Menopause – die Wechseljahre selbst sowie der Zustand danach
- Trauerfall
- Zerbrochene Beziehungen

Übungen

Obwohl Übungen wohl das Letzte sind, was wir bei Depressionen machen möchten, sind sie eines der wirksamsten Mittel, mit denen wir unsere Stimmung heben können. Regelmäßige Fitness-Übungen stimulieren im Körper die Produktion von „Wohlfühlstoffen", den Endorphinen (Läufer und Radfahrer kennen das erhebende Gefühl nach einer Anstrengung). Da wir beim Üben tiefer und rhythmischer atmen, werden Giftstoffe aus dem Körper besser ausgeschwemmt. Wir fühlen uns geistig und körperlich stärker und wacher, wenn der Körper frei von Giften ist.

Bei leichten bis mittleren Depressionen tritt mit Sicherheit ein Gefühl von ständiger Erschöpfung, allgemeiner Unlust und mangelnder Konzentration auf. Dann ist Sport unerlässlich. Achten Sie aber darauf, nicht so außer Atem zu kommen, dass Sie förmlich nach Luft schnappen. Das stellt den Nutzen der Übung in Frage.

Gespräche

Wenn Sie schon einige Zeit „down" sind und keine Besserung in Sicht ist, hilft es ungemein, mit jemandem über die Probleme zu reden. Dabei sollten Sie sich aber vollkommen sicher fühlen. Sprechen Sie also mit einem guten Freund, Familienmitglied, Kollegen oder dem Partner. Bedenken Sie aber, dass Ihnen nahestehende Personen eventuell einen ungenügenden emotionalen Abstand haben, um Ihnen kritisch und objektiv zuzuhören. Suchen Sie sich jedenfalls immer einen Gesprächspartner aus, dem Sie völlig vertrauen.

Sie können auch einen kompetenten Berater oder einen Psychotherapeuten aufsuchen. Professionelle Zuhörer können den notwendigen objektiven Standpunkt einnehmen und Ihre Probleme aus einer anderen Perspektive bewerten. Ein solcher Zuhörer kann folglich nicht nur die Klärung bestimmter Dinge (die mit emotionalen Einsichten zusammenhängen) erleichtern, sondern Sie auch durch diesen Prozess leiten.

Hinweis: Da Depressionen sehr oft von Angstgefühlen begleitet werden, sollten Sie noch einmal zum Kapitelanfang zurückblättern und die dort empfohlenen Maßnahmen nachlesen (Seite 99).

Nahrungsergänzung

Wenn wir uns deprimiert fühlen, ernähren wir uns oft auch verkehrt. Das kann mit der Appetitlosigkeit zusammenhängen, die ein typisches Symptom für Depressionen ist. Allgemeine Unlust und Interesselosigkeit verstärken das Problem oft noch.

Tritt eine solche Situation ein, sollte man ein gutes Multivitamin- und Mineralpräparat einnehmen, damit der Körper auch zu Zeiten von emotionalem Stress alle notwendigen Nährstoffe erhält.

Wenn negativer Stress über eine längere Zeit anhält, ist die Einnahme von B-Vitaminen (Vitamin B-Komplex) empfehlenswert, um das Nervensystem zu stärken. Besonders das Vitamin B „Folsäure" spielt eine wichtige Rolle bei der Linderung depressiver Gefühle. Ein Mangel an Vitamin B_{12} erhöht sogar die Anfälligkeit für Depressionen.

Vitamin E gleicht das Dopamin-Level aus; das beeinflusst nicht nur die Stimmung, sondern bildet auch eine wichtige Abwehr gegen Stress. Die empfohlene Dosis liegt bei 3-4 mg pro Tag. An Vitamin E reiche Nahrungsmittel sind Weizenkeime, Nüsse, unraffinierte Öle und Vollkorn-Lebensmittel.

Ginseng scheint die Neurotransmitter im Gehirn zu stabilisieren und wirkt daher stimmungsausgleichend. Bei lange andauerndem negativem Stress ist er ein gutes Hilfsmittel.

LINKS: *Wir benötigen dringend emotionale Unterstützung, wenn wir niedergeschlagen sind.*
RECHTS: *Sonnenblumenöl ist reich an Vitamin E.*

Antidepressiva Bedenken hat, bietet Johanniskraut eine ausgezeichnete alternative Behandlungsmöglichkeit.

Aromatherapie

Um abzuschalten und in ruhige Stimmung zu kommen, fügen Sie ätherisches Öl, z.B. Kamille, Muskatellersalbei, Lavendel, Majoran oder Ylang Ylang dem Badewasser zu. Bedenken Sie aber, dass ätherische Öle hochkonzentriert sind und sehr sparsam verwendet werden sollten. Vier bis fünf Tropfen genügen, um ein beruhigendes Badeerlebnis zu haben.

Homöopathische Heilmittel

Depressionen, die durch angestauten Stress oder Sorgen entstehen, können oft gut mit Natrum mur behandelt werden. Wer auf dieses Medikament anspricht, lässt sich seine Sorgen nicht anmerken und spricht nur sehr unwillig über seine Probleme. Sich bei jemandem auszuweinen, hilft ihm nicht – im Gegenteil, eher verschlimmert es die Dinge. Solche Menschen meiden Geselligkeit und wünschen nur Frieden und Ruhe.

Pulsatilla ist besonders geeignet für Menschen, die sich ungeniert ausweinen und dazu neigen, wegen nichtiger Anlässe gleich in Tränenströme auszubrechen. Danach fühlen sie sich im allgemeinen viel besser. Die positive Wirkung des Ausweinens wird noch verstärkt, wenn sie sich bei guten Freunden erleichtern können. Jemand, der auf Pulsatilla anspricht, ist nur ungern allein und sucht aktiv Gesellschaft. Auch Frauen, die an prämenstruellen oder postnatalen Depressionen leiden können Pulsatilla einnehmen.

Kräuterheilmittel

Die medizinische Verwendung von Johanniskraut (lat. Hypericum) wurde in letzter Zeit sehr populär, da es als wirksames natürliches Antidepressivum eingenommen werden kann. In Deutschland wird Patienten, die an leichten bis mittleren Depressionen leiden, zehnmal häufiger Johanniskraut als konventionelle Antidepressiva verschrieben.

Kürzlich wurde jedoch eine Nebenwirkung von Johanniskraut festgestellt: Es verträgt sich nicht mit einer Reihe herkömmlicher Medikamente. Dazu gehören Mittel, die nach einer Organtransplantation die Abstoßreaktionen des Körpers minimieren, Medikamente zur Behandlung von Asthma oder Bronchitis (insbesondere Theophyllin), Medikamente zur Behandlung von Herzproblemen, die Anti-Baby-Pille, Migräne-Medikamente, Antikoagulanzien, Medikamente zur Behandlung von AIDS sowie einige verschreibungspflichtige Antidepressiva.

Johanniskraut wirkt sehr gut, wenn eine leichte bis mittlere Depression diagnostiziert wurde und vorher keine anderen Antidepressiva eingenommen wurden. Auch wenn man wegen potenzieller Nebenwirkungen konventioneller

Gefühle wie Apathie, Gleichgültigkeit und Depressionen, die nach schwerer emotionaler, geistiger oder physischer Erschöpfung auftreten, können mit einigen Dosen Sepia erheblich gemildert werden. Frauen sprechen auf dieses Heilmittel besonders gut an, wenn sie nach einer Geburt oder als Folge der Menopause an einer Depression leiden. Eine nachlassende Libido oder völliges Desinteresse an Sex (was oft beides mit zu viel Stress zusammenhängt) lassen sich ebenfalls sehr gut mit diesem Heilmittel behandeln. Patienten mit Depressionen, die durch Angstgefühle hervorgerufen werden, reagieren oft gut auf die Gabe von Arsenicum Album. Schlafstörungen sind hier ein besonderes Problem; meist wacht man gegen 2 Uhr auf und wälzt sich die restliche Nacht im Bett herum. Ein Arsenicum Album-Typ kann auch deshalb an Depressionen leiden, weil er den von ihm selbst gesetzten Erwartungen nicht entspricht. Dieser Typus steht ständig unter Strom, und wegen seiner hektischen Art ist es schwer, mit ihm auszukommen.

Behandlung von Spannungskopfschmerz

Ständig wiederkehrende Spannungskopfschmerzen, die sich von der Schädelbasis bis zur Stirn ziehen, sind ein Anzeichen dafür, dass der Stress außer Kontrolle geraten ist. Eine ganze Reihe Faktoren kann diese Kopfschmerzen auslösen oder verstärken. Es ist nützlich herauszufinden, in welcher Situation sie auftreten, denn so lässt sich wirkungsvoll etwas dagegen unternehmen.

Häufig lösen folgende Faktoren Spannungskopfschmerzen aus:

- Muskelverspannungen in Kiefer, Nacken und Schultern
- Missbrauch von Kaffee und Alkohol oder Einnahme codeinhaltiger Schmerzmittel
- Unregelmäßiges oder zu seltenes Essen

- Schlechte Bedingungen am Arbeitsplatz – z.B. ein falsch platzierter Bildschirm oder ein Stuhl mit falscher Höhe
- Änderungen der Sehkraft, die nicht entdeckt wurden. Ab 40 Jahren sollte alle zwei Jahre ein Augencheck erfolgen.
- Zu geringe Flüssigkeitsaufnahme
- Haltungsprobleme

Wenn Sie ohne ersichtlichen Grund regelmäßig an schweren Kopfschmerzen leiden, sollten Sie unbedingt Ihren Hausarzt konsultieren. Falls die Untersuchung keine pathologische Ursache ergibt, sollten Sie Schritte unternehmen, um den allgemeinen Stress zu verringern und belastende Faktoren auszuschalten.

UNTEN: *Zu hoher Koffeingenuss löst bei vielen Menschen starke Kopfschmerzen aus.*

Massage

Wenn Ihre Nacken- und Schultermuskulatur ständig verspannt ist, helfen regelmäßige Massagen von Nacken, Schultern und Rücken enorm. Die positive Wirkung zeigt sich sofort: Die Muskeln in Nacken und Schultern lockern sich und die Blutzirkulation in diesem Bereich wird angeregt.

Chiropraktik und Osteopathie

Bei schwereren und hartnäckigen Nacken- und Schulterproblemen sollten Sie einen Chiropraktiker oder Osteopathen konsultieren. Beide können mechanische Verschiebungen beheben, die der Auslöser für ständige Kopfschmerzen sein können.

Getränke

Wenn Ihr Koffein- oder Alkoholkonsum infolge von erhöhtem Stress und Druck zugenommen hat, lassen Sie am besten völlig die Finger von diesen Getränken (vgl. Seite 61 und 62).

Beleuchtung

Kopfschmerzen können durch falsche Beleuchtung am Arbeitsplatz entstehen. Flackernde Leuchtstoffröhren sollten ausgetauscht werden, der Arbeitsplatz muss gut beleuchtet sein, denn eine Überanstrengung der Augen verschlimmert nur das Problem.

Bett

Falls sich beim Schlaf Ihr Nacken versteift und Sie sich beim Aufwachen wie gerädert fühlen, ist es Zeit, neue Kissen zu kaufen. Es gibt viele verschiedene Arten mit Naturfasern oder synthetischer Füllung. Lassen Sie sich in einem Fachgeschäft beraten. Für einen gesunden Schlaf müssen Kissen den Nacken und Kopf richtig unterstützen.

RECHTS: *Pfefferminzöl, in heißem Wasser aufgelöst und inhaliert, macht die Nase frei.*

Entspannen

Unter Stress beißt man die Kiefer aufeinander, was Verspannungen im Nacken- und Schulterbereich sowie Zähneknirschen im Schlaf zur Folge haben kann. Um das zu vermeiden, sollten Sie Gesichts- und Kiefermuskeln entspannen, wenn Sie unter Druck stehen. Lockern Sie bewusst die Schultern, so dass sie ungefähr 5 cm von den Ohren weg nach unten sinken. Dann entspannen Sie Arme und Hände. Falls Ihnen das schwer fällt oder Sie überhaupt keine Entspannung finden, könnten ein paar Sitzungen mit einem Lehrer der Alexander-Technik (siehe Seite 79) nützlich sein.

Aromatherapie

Spannungskopfschmerzen lassen sich gut verringern, indem man etwa vier Tropfen Pfefferminzöl auf einen Teelöffel Basisöl gibt und die Mischung entlang dem Haaransatz und der Stirn einreibt. Wenn Ihre Stirnhöhlen verstopft sind, ist Inhalieren sehr wirksam. Sie können einige Tropfen Pfefferminzöl in eine Schüssel voll heißes Wasser geben und den Dampf inhalieren oder einige Tropfen auf ein Tuch geben und in einem Abstand von 5 cm von der Nase einatmen. Die Haut sollte nicht in direkten Kontakt mit dem Öl kommen.

Einige Tropfen Muskatellersalbeiöl wie oben beschrieben aufgelöst und am Haaransatz und der Stirn aufgetragen verringert Spannungskopfschmerzen, die in den Tagen unmittelbar vor der Periode auftreten oder sich verstärken. Oder Sie fügen fünf Tropfen eines ätherischen Öls dem Badewasser zu und nehmen genüsslich ein langes Bad. In den Tagen vor der Periode und am ersten Tag sollten Sie nur Muskatellersalbeiöl verwenden, zu anderen Zeiten eignet sich auch Lavendelöl.

Kräuterheilmittel

Mit einer Tasse Löwenzahntee können Sie Kopfschmerzen lindern, die nach exessivem Essen und Trinken entstehen.

Ein Aufguss von Lindenblüten, Baldrian oder Zitronenverbene wirkt gegen Spannungskopfschmerzen. Gießen Sie eine Tasse kochendes Wasser auf einen Teelöffel oder einen Teebeutel des gewünschten Krauts und lassen Sie den Aufguss 15–20 Minuten ziehen.

Homöopathische Heilmittel

Bei Spannungskopfschmerzen infolge von Dehydration, die durch die kleinste Bewegung schlimmer werden, eignet sich Zaunrübe (Bryonia). Diese Art von Kopfschmerzen machen sich zuerst über dem linken Auge bemerkbar und strahlen dann zum Nacken aus. Wenn sie pochend werden, ist der gesamte Schädel gegenüber der geringsten Berührung empfindlich.

„Toxische" Kopfschmerzen infolge von exzessivem Alkoholgenuss, zu vielen Zigaretten, billigem Fast Food oder extremem Arbeitsdruck werden wunderbar durch Nux Vomica gemildert. Genau wie bei einem Kater sind diese Kopfschmerzen morgens beim Aufwachen besonders grässlich und vor allem im Hinterkopf zu spüren. Es ist kein Wunder, dass sie äußerst gereizt und launisch machen und man sich nur nach Ruhe sehnt.

Mahlzeiten wegen zu viel Stress und Druck auszulassen, kann ebenfalls Spannungskopfschmerzen verursachen. Sie fühlen sich an, als ob das Gehirn in einer Schraubzwinge stecken würde. Die allgemeinen Symptome – Schwindel und Benommenheit infolge eines zu niedrigen Blutzuckerspiegels – verstärken sich, wenn man sich vorbeugt.

Behandlung von Schlaflosigkeit

Es gibt nur wenige so frustrierende Zustände wie einen Mangel an gesundem Schlaf. Erfrischender Schlaf ist unerlässlich für eine gute Gesundheit. Durch den Schlaf erhalten alle Körperorgane Gelegenheit, auszuruhen und sich zu regenerieren. Unser Geist wird frisch und klar, wenn wir in unseren Träumen die Ereignisse des Tages verarbeitet haben. Schlafentzug hingegen hat nachweislich eine negative Auswirkung auf unser Immunsystem, macht anfällig für Infektionen und erzeugt Schlappheit und Burn-out.

Ein Übermaß an negativem Stress ist einer der größten Feinde des Schlafs, denn die aufgestaute geistige, emotionale und physische Anspannung lässt uns nicht zur Ruhe kommen. Die physische Reaktion auf Stress oder Druck – der Kämpfe-oder-flieh-Mechanismus (s. Seite 19) – erhöht den Adrenalinspiegel, damit wir schnell reagieren können.

Falls dieser Mechanismus täglich angeregt wird, ohne dass ein Ablassventil für das angestaute Adrenalin geschaffen wird, fühlen wir uns bald unruhig und sind hellwach, sobald wir einschlafen wollen. Wir sind am Abend zwar völlig kaputt, können aber dennoch keinen Schlaf finden, da das Gehirn noch nicht abschalten kann.

Die folgenden Faktoren können einzeln oder in Kombination Schlaflosigkeit auslösen:
- Prämenstruelles Syndrom
- Menopause
- Überfunktion der Schilddrüse
- Angst
- Depressionen
- Chronisches Müdigkeitssyndrom
- Posttraumatischer Stress
- Trauerfall
- Starke Beanspruchung durch ein Baby
- Krankenpflege

Schlafstörungen können in ihrer Art und Intensität schwanken. Mancher schläft zwar abends sofort ein, wacht aber nach kurzer Zeit wieder auf und ist dann hellwach. Andere Menschen können kaum zur Ruhe kommen und finden keinen Schlaf. Oder man schläft leicht und unregelmäßig und erreicht keinen tiefen Schlafzustand, so dass man sich morgens gerädert fühlt und kaum aus dem Bett kommt.

Die optimale Schlafdauer ist individuell verschieden. Es gibt also keine festen Regeln. Fast jeder weiß aber instinktiv, wie viele Stunden Schlaf ihm am besten bekommen.

Wenn Sie längere Zeit an Schlafstörungen leiden, entwickeln sich häufig die folgenden Symptome:
- Gereiztheit
- Schlechtes Gedächtnis
- Verringerte Konzentration
- Nervosität und Ungeduld
- Wiederkehrende Infekte wie z.B. Halsentzündung, Erkältung und Husten

Schlafzimmer

Sorgen Sie dafür, dass Ihr Schlafzimmer einen guten, gesunden Schlaf unterstützt. Der Ruheraum sollte wie folgt ausgestattet sein:
- Vorhänge oder Gardinen, die dicht genug sind, um Licht angemessen zu dämpfen, aber nicht so dick, dass man morgens kaum aufwacht.

- Gute Belüftung: Der Raum sollte weder zu stickig noch zu kühl sein.
- Der Raum sollte so ruhig wie möglich sein. Bei Verkehrslärm hilft Isolierglas, das den Schall sehr gut dämpft.
- Gute Matratze: Matratzen müssen hin und wieder ausgetauscht werden. Benutzen Sie dieselbe Matratze keinesfalls länger als zehn Jahre. Wenn Sie eine neue kaufen, achten Sie darauf, dass die Beschaffenheit fest, aber nicht zu hart ist.

Abschalten

Wenn Sie gesund schlafen möchten, sollten Sie nicht bis spät abends arbeiten, egal wie hoch der Arbeitsdruck auch sein mag. Denn sonst ist Ihr Gehirn nachts mit Problemen beschäftigt, anstatt abzuschalten und sich von Sorgen zu befreien – eine Voraussetzung für gesunden Schlaf. Versuchen Sie lieber, sich in den letzten ein bis zwei Stunden mit etwas Entspannendem auf den Schlaf einzustimmen.

Es gibt viele angenehme Arten, Körper und Geist herunterzufahren und abzuschalten. Lassen Sie sich von der nachstehenden Liste inspirieren und tun Sie etwas ganz nach Ihrem Geschmack:
- Ein warmes, aber nicht zu heißes Duftbad
- Radio hören
- Die Lieblingsmusik hören, die Sie positiv stimmt und entspannt
- Ein Hörbuch hören
- Meditieren oder eine Sitzung in einer Entspannungstechnik abhalten
- Ein angenehmes, warmes Getränk trinken
- Sex

Nehmen Sie keine starken Drinks zu sich, um müde zu werden. Kurzfristig entspannt Alkohol zwar, doch ist der Langzeiteffekt für den Schlaf negativ. Der Schlaf ist dann wenig gesund und erfrischt kaum, und zu viel Alkohol beschert zudem am nächsten Morgen einen schweren Kopf.

Essen Sie spät abends auch nichts schwer Verdauliches. Sie könnten nachts Verdauungsprobleme bekommen, was ebenfalls nicht zu einem erholsamen Schlaf beiträgt.

Spannung abbauen

Wenn Sie sich nachts infolge von Muskelverspannungen und -schmerzen im Bett herumwälzen, müssen Sie etwas dagegen unternehmen. Regelmäßige Ganzkörpermassagen mit ätherischen Ölen machen Ihren Körper locker. Mindestens dreimal pro Woche sollten Sie außerdem irgendeine Art von Fitness-Übungen machen, was den Kreislauf und die größeren Muskelgruppen stärkt. Oder Sie entscheiden sich für Bewegungsübungen, die die Muskeln lockern, z.B. Yoga oder Tai Chi. Wenn Sie sich verspannt fühlen, ergänzen Sie die Übungen durch Atemkontrolltechniken, was in hohem Maß zur Lockerung beiträgt.

Nahrungsergänzung

Lesen Sie bitte hierzu die Ausführungen zu Kava Kava auf Seite 70.

Aromatherapie

Sie können sich ein schlafförderndes Massageöl selbst herstellen, indem Sie drei Tropfen Lavendel-, Kamillen- oder Mandarinenöl unter zwei Teelöffel Basisöl mischen. Das Öl ist nur für Erwachsene geeignet.

Kräuterheilmittel

Hafer (*Avena Sativa*)-Präparate stellen eine besonders wirksame Alternative zu herkömmlichen Schlafmitteln dar. Die Mischung besteht aus schlaffördernden Pflanzen wie Baldrian, Maracuja, Hopfen und Hafer sowie einer homöopathischen Beigabe von Kaffee. Die empfohlene Dosis liegt bei etwa 20–30 Tropfen in einem kleinen Glas Wasser vor dem Schlafengehen.

Leichtere Schlafprobleme können auch durch einen Kamillenaufguss gemildert werden. Übergießen Sie einen Teelöffel voll mit kochendem Wasser, decken den Aufguss ab und lassen ihn 15 Minuten lang ziehen, bevor Sie ihn trinken – entweder am frühen Abend oder direkt vor dem Schlafengehen.

Homöopathische Heilmittel

Angstbedingte Schlaflosigkeit kann zu einer Phobie vor dem Schlafengehen ausarten. Durch Lachesis kann Sie erheblich gemildert werden. In den Tagen vor der Periode haben manche Frauen erhebliche oder auch verstärkt Schlafstörungen. Hier eignet sich dieses

LINKS: *Eine Tasse Kamillentee hilft uns, nach einem arbeitsreichen Tag abzuschalten.*
RECHTS: *Maracuja (Passionsblume) beseitigt vorübergehende Schlafstörungen.*

homöopathische Mittel sehr gut. Wer quälende und aufrüttelnde Empfindungen oder Atembeklemmung beim Einschlafen hat, findet mit Lachesis ebenfalls Linderung.

Perfektionisten, die zu hohe Ansprüche an sich stellen und daher an Problemen wie Beklemmung und Schlaflosigkeit leiden, reagieren gut auf Arsenicum Album. Das Mittel ist angezeigt, wenn man geistig und körperlich ausgepowert zu Bett geht und zwar schnell einschläft, gegen 2 Uhr aber wieder aufwacht. Dann beginnt die Grübelei, die weiteren Schlaf oft unmöglich macht.

Menschen, deren gesunder Schlaf unter zu viel Druck, Alkohol, Kaffee und koffeinhaltigen Getränken leidet, können mit Nux Vomica behandelt werden. Dieses Mittel bietet sich auch an, wenn man lange wach liegt und erst kurz vor dem Weckerklingeln einschläft. Bei durch Hangover bedingten Symptomen wie Kopfschmerzen, Brechreiz, Verstopfung und starker Reizbarkeit ist dieses Mittel ebenfalls angezeigt. Leidenschaftliche Partybesucher sollten daher immer Nux Vomica dabei haben.

Wenn der Schlaf durch aufregende Nachrichten gestört wird, ist Ignatia die richtige Medizin. Die Symptome, die darauf deuten, sind unmissverständlich: Die Stimmung schwankt stark und bei Übermüdung fühlt man sich gereizt oder weinerlich. Das Einschlafen fällt schwer, man muss ständig gähnen und hat Muskelzuckungen.

Behandlung von Reizdarm

Unser Verdauungssystem ist eine Art Barometer für Stress. Ich warte in meiner Praxis noch auf den Patienten, der unter starkem negativem Stress leidet, sich aber nicht über irgendwelche Verdauungsstörungen beklagt. Die meisten Probleme lassen sich unter dem Begriff Reizdarm zusammenfassen, obwohl stressbedingte Verdauungsstörungen auch andere Beschwerden umfassen können wie z.B.:

- Ständige mangelnde Verdauungstätigkeit
- Sodbrennen
- Appetitlosigkeit
- Blähungen
- Krämpfe
- Abwechselnd Durchfall und Verstopfung

Reizdarm ist eine häufige Verdauungsstörung, unter der meistens Menschen leiden, die zu viel Stress haben. Wer also das Pech hat, von einem Reizdarm geplagt zu werden, sollte in erster Linie eine Stressmanagement-Technik erlernen. Es gibt natürlich auch weitere Selbsthilfemaßnahmen, die Wirkung zeigen.

Ernährung

Bestimmte Nahrungsmittel können Reizdarmprobleme verstärken. Hierzu zählen insbesondere Weizenprodukte (Brot, Nudeln, Cerealien und Soßen), Zucker in Sprudelgetränken, Kuchen, Süßigkeiten und Schokolade, „versteckter" Zucker in Konserven, Suppen und Fertiggerichten sowie Produkte aus Kuhmilch. Um herauszufinden, ob eines dieser Nahrungsmittel für Ihre Verdauungsstörungen verantwortlich ist, verzichten Sie völlig darauf. Achten Sie einen Monat lang auf Veränderungen bei der Verdauung. Hat sich eine Besserung eingestellt, nehmen Sie das verbannte Nahrungsmittel wieder zu sich und achten Sie auf die Reaktionen des Körpers. Kehren die Probleme zurück, verzichten Sie nochmals auf dieses Nahrungsmittel. Zeigt sich daraufhin eine weitere Verbesserung, so reagieren Sie auf diesen Stoff wahrscheinlich allergisch und sollten darauf verzichten.

Falls Sie mehrere solche Nahrungsmittel-Unverträglichkeiten bei sich feststellen, ist es sinnvoll, einen Homöopathen zu konsultieren. Er verschreibt Ihnen wahrscheinlich ein Medikament, um die Verdauung zu regulieren.

Das kann einige Zeit dauern, doch ist der gesundheitliche Nutzen enorm.

Verstopfung ist häufig das Resultat einer leichten Dehydration. Hier ist es wichtig, täglich genügend stilles Mineralwasser oder Leitungswasser zu trinken. Lassen Sie besser die Finger von sprudelndem Mineralwasser, besonders wenn Sie zu Blähungen neigen.

Verzichten Sie auf Tee, Kaffee, Cola und Alkohol, denn diese Getränke sind bekannt für Ihre Reizwirkung auf den Verdauungsapparat. Auch Zigaretten haben diese Wirkung, besonders auf die Magenschleimhaut, und können Beschwerden wie Sodbrennen und schlechte Verdauung verschlimmern.

Um eine reibungslose Verdauung zu gewährleisten, sind ballaststoffreiche Nahrungsmittel wichtig. Doch Vorsicht – zu viel des Guten kann zu Durchfall führen. Wenn Durchfall und eine tagelang dauernde Verstopfung sich immer wieder abwechseln, so dass man fast von einem Zyklus sprechen kann, sollte man viel Gemüse essen – am besten leicht gedünstet, um es besser verdaulich zu machen. Selbst gemachte Suppen sind ebenfalls ballaststoffreich und gut verdaulich.

Vermeiden Sie sehr fettes Essen, da es äußerst schwer im Magen liegt, sowie Nahrungsmittel, die viele gesättigte Fettsäuren enthalten: Käse mit hoher Fettstufe, rotes Fleisch, Butter und Sahne; und essen Sie die Haut bei Brathähnchen nicht mit. Sie hat im Gegensatz zum Fleisch einen sehr hohen Fettgehalt. Statt Fisch in Fett zu braten oder zu frittieren, sollten Sie ihn besser grillen oder in der Pfanne mit etwas kalt gepresstem, nativem Olivenöl dünsten.

Nahrungsergänzung

Aloe Vera wird eine beruhigende Wirkung auf den Verdauungsapparat und eine Förderung der Darmbewegungen zugeschrieben, ohne dass dabei Abhängigkeit oder Überreaktionen entstehen. Das Präparat ist auch eine gute Ergänzung bei Magenentzündung, da es antiseptische und das Immunsystem stärkende Eigenschaften hat. Ob Sie sich für den leicht bitter schmeckenden Aloe Vera-Saft oder Tabletten bzw. Pillen entscheiden, ist eine Geschmacksfrage; der Nutzen ist bei beiden der gleiche.

Aromatherapie

Übelkeit lässt sich lindern, indem Sie sanft den Oberkörper mit einer Mischung aus ätherischen Ölen massieren. Mischen Sie je zwei Tropfen Schwarzen Pfeffer, Kamille, Pfefferminze, Ingwer und Mandarine mit zwei Teelöffeln Basisöl. Bei Übelkeit während der Schwangerschaft sollte diese Mischung nicht verwendet werden.

UNTEN: *Aloe Vera übt eine besonders beruhigende Wirkung auf den Verdauungstrakt aus.*

LINKS: *Kamillentee mit etwas geriebenem Ingwer ist genau das richtige Getränk bei Übelkeit.*

Verdauungsprobleme, die sich durch eine Kombination aus nervöser Anspannung und hohem Zuckerkonsum erheblich verschlimmern, lassen sich gut mit Argentum nit. behandeln. Geräuschvolle Blähungen, die nach oben und wieder nach unten wandern, sind ein typisches Symptom, das auf dieses Mittel anspricht. Durchfall und Verstopfung gehen oft mit Magenschwellungen und -blähungen einher. Bei Stress oder Aufregung ist der Typus, der auf dieses Mittel anspricht, leicht hyperaktiv.

Reizdarmprobleme bei verspannten, nervösen Menschen, die immer mit Volldampf durchs Leben rasen, können durch einige Dosen Nux Vomica gelöst werden. Das Mittel hilft auch bei schmerzhafter Verdauung, die durch zu viel Kaffee, Alkohol, Zigaretten und Schmerztabletten verstärkt wird. Bei starker oder ständiger Verstopfung neigt man außerdem zu Kopfschmerzen und Reizbarkeit.

Kräuterheilmittel

Gelegentliche Verdauungsstörungen und Übersäuerung können durch ein warmes Rotulmen-Getränk gemildert werden. Rühren Sie zwei gehäufte Teelöffel Rotulmenpulver in eine Tasse warme Milch. Trinken Sie die Mischung morgens und abends.

Blähungen und eine heikle Verdauung lassen sich durch Pfefferminz- oder Kamillentee lindern – mit etwas frisch geriebenem Ingwer schmeckt er besonders gut.

Homöopathische Heilmittel

Einige Dosen Lycopodium beseitigen Verdauungsstörungen, die sich in Aufstoßen und Blähungen äußern. Eine Neigung zu häufigem Sodbrennen, sowie zu abwechselnd auftretendem Durchfall und Verstopfung kann ebenfalls mit diesem Medikament behandelt werden. Auch wenn diese Symptome durch emotionalen und geistigen Stress hervorgerufen wurden, kann dieses Mittel Abhilfe schaffen.

Behandlung von Infektionen

Ob unser Immunsystem gesund und effizient arbeitet, hängt in großem Maß vom Stress bzw. seiner Bewältigung ab. Wer längere Zeit starkem Druck ausgesetzt ist, dem er sich nicht gewachsen fühlt, wird leicht anfällig für ständig wiederkehrende Infekte. Wenn erst einmal eine Erkältung auf die andere folgt, ist es höchste Zeit etwas zu unternehmen, um die Abwehrkräfte des Körpers zu regenerieren.

Übungen

Schon einfache Übungen haben anerkanntermaßen eine positive Wirkung auf das Immunsystem. Am besten vermeiden Sie sehr belastende körperliche Aktivitäten – für einen Halbmarathon zu trainieren, überfordert den

Körper bei mangelnder Kondition und hat daher eher den gegenteiligen Effekt auf das Immunsystem.

Übungen, die Spaß machen, wie z.B. regelmäßiges Walking oder Radfahren (nicht Radrennen!), stärken Herz und Lunge, erhöhen unsere allgemeine Fitness und reduzieren Stress. Alternativ bieten sich Bewegungsmethoden an, bei denen Muskeldehnungen und -entspannung sich abwechseln – wie z.B. beim Yoga. Sie wirken positiv auf die geistige, emotionale und physische Gesundheit. Die stressmindernde Wirkung derartiger Übungen schlägt sich letztlich auch in der Leistungsfähigkeit des Immunsystems nieder.

Ernährung

Unsere Ernährungsweise hat eine erhebliche Auswirkung auf die Leistungsfähigkeit des Immunsystems. Wer besonders gestresst und ausgepowert ist, sollte mehr frisches Gemüse essen. Bevorzugen Sie gelbes, oranges, rotes und dunkelgrünes Obst und Gemüse mit reichlich Antioxidantien wie Vitamin C. Gleichzeitig sollte man den Konsum von Zigaretten, Alkohol und zuckerhaltigen Nahrungsmitteln stark einschränken, da diese das Immunsystem stark beeinträchtigen.

Schlaf

Sorgen Sie dafür, dass Sie ausreichend gesunden Schlaf bekommen. Schlafentzug hat in vielerlei Hinsicht eine extrem negative Wirkung. Wir fühlen uns nicht nur gereizt, und übermüdet und sind viel stressanfälliger, wenn wir nachts nicht gut ausschlafen können. Wenn der Schlafentzug zu lange anhält, werden wir auch für Infektionen anfälliger, denn das Immunsystem ruht und regeneriert sich während des Schlafs. Wer unter starkem Stress

steht, sollte täglich acht Stunden Schlaf ganz oben auf die Prioritätenliste setzen, um ein totales Burnout zu vermeiden. Wer aufgrund von negativem Stress schlecht schläft, sollte auch das Kapitel „Natürliche Behandlung von Schlaflosigkeit" (Seite 112) lesen.

Nahrungsergänzung

Vitamin C unterstützt das Immunsystem besonders bei Infekten. Nehmen Sie bei den ersten Anzeichen von Schnupfen, Halsschmerzen oder Fieber täglich 1000 mg Vitamin C ein. Wählen Sie ein Präparat, das das Vitamin C langsam an den Körper abgibt, um die beste Wirkung zu erzielen. Alternativ können Sie die Einnahme in vier 250-mg-Dosen über den Tag verteilen. Das ist wichtig, denn Vitamin C verbleibt nur maximal acht Stunden im Körper. Wenn der Magen sauer reagiert oder Durchfall eintritt, reduzieren Sie sofort die Dosis.

Knoblauch ist für seine antibakterielle Wirkung bekannt. Es ist nicht jedermanns Sache, so viel frischen Knoblauch zu essen,

RECHTS: *Knoblauch – auch in Kapselform erhältlich – hilft gegen fast jede Infektion.*

LINKS: *Verstopfte Nebenhöhlen werden durch Inhalieren Lavendel-, Eukalyptus- oder Teebaumöl wieder frei.*

dauer verkürzt und ihre Komplikationen verringert. Auch bei Halsschmerzen, Husten oder Nebenhöhlenentzündungen empfiehlt sich die Einnahme. Es gibt Echinacea in Tabletten- und Kapselform sowie als Tinktur und Elixier. Nehmen Sie Echinacea keinesfalls vorbeugend im Winter ein, denn das Heilmittel wirkt nur dann, wenn es bei konkreten Infektionen über einen kurzen Zeitraum verwendet wird.

Homöopathische Heilmittel

Symptome für eine kleinere Infektion, die besonders bei trockenem, kaltem Wind und bei Unterkühlungen plötzlich auftreten, lassen sich mit einigen Tropfen Aconit lindern. Dieses schnell wirkende Heilmittel ist besonders geeignet, um Fieber bei Entzündungen von Augen, Nasentrakt und Hals zu senken. Ausgezeichnet wirkt es auch bei kleineren Infektionen, die durch eine plötzliche Unterdrückung des Immunsystems auftreten, z.B. nach einem Schock oder bei schlechten Nachrichten.

Wenn sich die Symptome über mehrere Tage allmählich entwickelt haben und man sich ausgelaugt und kaputt fühlt, ist Gelsemium das bessere Heilmittel. Besonders angezeigt ist es bei grippeartigen Muskelschmerzen und Kälteschauern, die die Wirbelsäule hinauf und hinunter laufen. Die Nase ist dann ständig verstopft, die Kehle unangenehm trocken, die Stimme will nicht mehr so recht klingen. Auch Kopfschmerzen lassen sich mit diesem Heilmittel beträchtlich lindern.

Wenn Herpes als Symptom für ein unterdrücktes Gefühl auftritt, hilft Natrum mur besonders gut. Auch sind verschiedene Symptome der Dehydration zu erkennen: Die Lippen sind entzündet und rissig – besonders in der Mitte der Unterlippe – die Haut ist ausgetrocknet und spannt.

dass der gewünschte Effekt eintritt. Es gibt daher Knoblauchpillen, die die gleiche Wirkung haben. Praktisch sind Präparate, die außerdem die Vitamine A, C, und E enthalten, um die Abwehrkräfte des Körpers zu stärken.

Aromatherapie

Fünf oder sechs Tropfen Lavendel- oder Teebaumöl im warmen Badewasser machen das Bad zu einem angenehmen Vergnügen.

Ein dumpfes Gefühl im Kopf, meist Begleitsymptom einer aufziehenden Erkältung, lässt sich durch Inhalieren einiger Tropfen Teebaum-, Eukalyptus- oder Lavendelöl, die auf ein Tuch getropft wurden, beseitigen.

Kräuterheilmittel

Bei den ersten Anzeichen einer stressbedingten Infektion ist Echinacea die wirksamste Unterstützung für das Immunsystem. Durch die Einnahme von Echinacea werden die Erkältungs-

Behandlung von Burn-out

Der Begriff „Burn-out" beschreibt allgemein einen Zustand tiefer emotionaler, geistiger und körperlicher Müdigkeit und spricht eigentlich für sich selbst. Ein Burn-out kann auf zwei verschiedene Weisen entstehen – entweder als Ergebnis einer stressigen Lebensweise, deren Auswirkungen sich kumulieren, oder infolge eines besonders schockierenden Ereignisses, das für Körper, Geist und Psyche einfach zu viel war, um damit fertig zu werden.

Da ein Burn-out sehr viele Aspekte unserer Gesundheit berührt, sind seine Symptome sehr vielseitig und eher allgemeiner Natur. Folgende Befindlichkeitsstörungen sind am häufigsten:
• Konzentrationsschwäche
• Müdigkeit
• Starke und unvorhersehbare Stimmungsschwankungen
• Ständige kleinere Infektionen
• Schlafstörungen oder schlechter Schlaf
• Mangelndes Selbstvertrauen
• Ängstlichkeit
• Depressionen
• Unfähigkeit abzuschalten und zu entspannen
• Verdauungsprobleme, Appetitlosigkeit, Magenübersäuerung und/oder abwechselnd Durchfall und Verstopfung
• Allgemeine schmerzhafte Muskelsteifheit
• Muskelschwäche
• Allgemeine Unlust und fehlende Motivation

Von den folgenden Ratschlägen profitieren am meisten diejenigen, die allgemein bei guter Gesundheit sind, jedoch durch eine temporäre Krise ihre Energie und Vitalität verloren haben. Wer allerdings schon seit längerem ein Stress-Management nötig hätte, sollte lieber professionellen Rat einholen, um wieder auf die Beine zu kommen, z.B. bei einem Heilpraktiker, Kräuterheilkundigen, Ayurveda-Therapeuten, oder auch beim Hausarzt.

Manchmal ist auch eine eher psychologisch orientierte Therapie durch einen Stressberater oder kognitiven Therapeuten angezeigt. Kognitive Therapie vermittelt uns eine Einsicht in unser Verhalten, das uns daran hindert, effektiv mit Stress umzugehen. Nachdem diese Verhaltensmuster identifiziert worden sind, lassen sich Wege finden, wie man mit Stress und Druck im Leben am besten fertig wird (siehe hierzu auch Seite 107).

Selbsthilfe

Überprüfen Sie einmal Ihre Ess- und Trinkgewohnheiten in Zeiten von Stress oder unter Zeitdruck. Wenn Sie, um in Form zu bleiben, Kaffee, Zucker, Süßigkeiten und Alkohol konsumieren, trägt das leider unweigerlich zu einem Burn-out bei. Diese Genussmittel verschlimmern Probleme wie geistige und körperliche Müdigkeit, Nervosität, Schlafstörungen und Stimmungswechsel. Außerdem belasten die darin enthaltenen Giftstoffe die Leber. In der Folge fühlt man sich matt und sieht auch so aus.

Wer es nicht zu einem Burn-out kommen lassen will, sollte in erster Linie regelmäßig Entspannungsübungen machen. Durch tiefe Entspannung können sich Körper, Geist und Seele regenerieren. In Kapitel 3 (Seite 26) geben wir hierzu Ratschläge und Tipps.

Es ist wichtig, seine Grenzen zu kennen, um produktiv und motiviert zu bleiben, und Forderungen zu widerstehen, die den Stress verstärken. Auch hier helfen die in Kapitel 3 beschriebenen Techniken (besonders die praktischen Anti-Stress-Strategien für zu Hause und am Arbeitsplatz; siehe Seite 39 und 43).

Ein Übungsprogramm, das Spaß macht, regelmäßig absolviert wird und zweckmäßig ist, bringt Ausgewogenheit und Harmonie und hat einen nachhaltigen Effekt auf das Immunsystem. Durch regelmäßiges Yoga oder Tai Chi lassen sich Gefühle von Anspannung und Beklemmung wirksam bekämpfen, während anstrengendere Übungen wie Jogging oder Schwimmen das Richtige am Ende eines harten Arbeitstages sind.

Nahrungsergänzung

Schisandra (Chinesisches Spaltkölbchen) unterstützt der Stoff den Körper besonders gut bei ungewöhnlich viel Stress. Er erhöht die Sauerstoffzufuhr der Körperzellen und fördert die Konzentration. Schließlich wirkt Schisandra stimmungsausgleichend, so dass Gereiztheit und Beklemmung, die Burn-outs häufig begleiten, erheblich gemildert werden. Die empfohlene Tagesdosis liegt bei 250–500 mg; das Heilmittel wird in Kapselform angeboten.

Wenn Sie die Entstehung von Burn-out-Symptomen verhindern wollen, sollten Sie den Vitamin B-Komplex nicht außer Acht lassen. Er spielt eine große Rolle bei der Unterstützung des Immunsystems zu Zeiten von erhöhtem Stress. Besonders reichhaltige Vitamin B-Lieferanten sind Weizenkeime, Vollkornprodukte, Meeresfrüchte, Eier, grünes Blattgemüse und Hefeextrakt.

Kräuterheilmittel

Wer neue geistige, emotionale oder physische Energie tanken möchte, kann dem warmen Badewasser einen Aufguss Energie ausgleichender Kräuter zusetzen. Für einen starken Aufguss geben Sie gut drei Handvoll getrocknete Pfefferminze oder Lavendel in eine mittelgroße Schüssel kaltes Wasser und lassen die Mischung über Nacht ziehen. Am nächsten Tag aufkochen. Sobald der Aufguss zu kochen beginnt, abseihen. Den Aufguss abkühlen lassen und anschließend in ein Glasgefäß mit einem dichten Deckel umfüllen. Wenn Sie sich angespannt, gestresst und erschöpft fühlen, fügen Sie eine nicht zu kleine Menge dieses Aufgusses dem Badewasser zu – und dann nur noch zurücklehnen, entspannen und tief einatmen!

Nach zu viel Stress wirkt eine Tinktur aus Wildem Hafer besonders erfrischend. Sie hilft auch, nach einer schwereren Virusinfektion die Vitalität zurückzugewinnen. Nehmen Sie dazu täglich acht bis zehn Tropfen auf ein Glas Wasser.

Homöopathische Heilmittel

Verdauungsprobleme wie Blähungen, Übersäuerung und mangelhafte Verdauung als Begleiterscheinungen von Burn-outs lassen sich gut mit einigen Dosen Lycopodium beheben. Ein Bedarf für dieses Heilmittel ist angeraten bei zu geringem Selbstvertrauen und erhöhter Ängstlichkeit infolge von zu viel Stress.

Sich in ein anspruchsvolles körperliches Trainingsprogramm zu stürzen, ohne sich darauf vorzubereiten, kann ebenfalls zu einem Burn-out führen. Man fühlt sich dann gerädert, alles tut einem weh, so dass man sich nicht mehr richtig ausruhen kann. Durch eine Dosis Arnica lassen sich diese Symptome erheblich lindern.

Wer an sich zu hohe Maßstäbe anlegt und statt sie zu erfüllen ängstlich und müde wird, sollte einige Dosen Arsenicum album einnehmen. Dieses Heilmittel hilft, wenn sich extreme physische und geistige Ruhelosigkeit beim Burn-out mit einer Neigung zu Obsessionen verbindet – z.B. mit Sauberkeitsphobien, irrationaler Angst vor dem Krankwerden etc.

Eine gelegentliche Einnahme von Nux Vomica über kürzere Phasen ist genau das richtige Mittel, wenn Sie zu viel am Hals haben und daher ohne Alkohol oder Medikamente kaum abschalten können. Dieser Typus neigt zu immer höherem Kaffee- und Alkoholkonsum, aber auch dazu, sich bei Sport und Übungen zu überanstrengen.

RECHTS: *Bei Stress befreit frische Luft den Kopf.*

Serviceteil

Adressen

Deutschland

Deutsche Gesellschaft für Akupunktur und Neuraltherapie e.V.
Mühlweg 11
07929 Saalburg-Ebersdorf
Tel.: 036651/ 55 075
Fax.: 036651/ 55 074
www.dgfan.de

Therapeutengemeinschaft für medizinisches Qigong
c/o Jörg Frankenberger
Ihnestrasse 41
14195 Berlin
Tel.: 030/ 832 806 7
Fax: 030/ 841 075 58
www.qi-net.de

Deutscher Tai Chi Bund - Dachverband für Tai Chi und Qigong e. V.
c/o Dr. Stephan Langhoff
Am Elisabethgehölz 12
20535 Hamburg
Tel. und Fax: 040/ 2102123
www.tai-chi-verband.de

Tajiquan und Qigong Netzwerk Deutschland e.V.
Bleichenstr. 7
30169 Hannover
Tel.: 0511/ 169 176 7
Fax: 0511/ 235 853 6
www.netzwerk.linc.de

Deutsche Gesellschaft für Ernährung e. V.
Godesberger Allee 18
53175 Bonn
Tel.: 0228/ 377 660 0
Fax: 0228/377 680 0
www.dge.de

Deutsche Gesellschaft für Alternative Medizin
DGAM-Servicebüro
Großer Garten 4
30938 Burgwedel
Tel.: 05139/ 278 101
Fax: 05139/ 278 102
www.dgfam.de

Institut für angewandte Aromatherapie e.V.
Schilfweg 7
67141 Neuhofen
Tel.: 06236/ 399 632
Fax: 06236/ 396 936
www.insfaa.de

Deutsche Gesellschaft für Klassische Homöopathie e. V.
Saubsdorfer Str. 9
86807 Buchloe
Tel.: 08241/ 911 680
Fax: 08241/ 911 702
www.dgkh-homoeopathie.de

Österreich

Österreichische Qigong Gesellschaft
Postfach 128
1120 Wien
Tel.: 0664/ 630 308 1 oder
0699/ 183 030 81
www.qigonggesellschaft.at

Österreichische Gesellschaft für Ernährung
Zaunergasse 1-3 (Palais Fanto)
1030 Wien
Tel. : 01/ 714 719 3
Fax: 01/ 718 614 6
www.oege.at

Österr. Wissenschaftliche Ärztegesellschaft für Akupunktur
Schwindgasse 3/9
1040 Wien
Tel.: 01/ 505 039 2
Fax.: 01/ 504 150 2
www.akupunktur.org

Österreichische Gesellschaft für Akupunktur
Kaiserin Elisabeth-Spital
Huglgasse 1-3
1150 Wien
Tel.: 01/ 981 045 758
Fax: 01/ 981 045 759
www.akupunktur.at

Österreichische Gesellschaft für homöopathische Medizin
Mariahilferstr. 110
1070 Wien
Tel.: 01/ 526 757 5
Fax: 01/ 526 757 54
www.homoeopathie.at

Gesellschaft für Alternative Medizin
Schubertgasse 22
1090 Wien
Tel.und Fax: 01/319 655 4
www.gam.at

Schweiz

Schweizerische Vereinigung für Ernährung
Effingerstr. 2
Postfach 8333
3001 Bern
Tel.: 031/ 385 000 0
Fax: 031/ 385 000 5
www.svw.org

Schweizerische Yoga Gesellschaft
Aarbergergasse 21
3011 Bern
Tel.: 031/ 311 071 7
Fax.: 031/ 311 071 1
www.yoga.ch

Schweizerische Gesellschaft für Qigong und Taijiquan
Bündtenstrasse 23
4703 Kestenholz
Tel.: 062/ 393 317 7
Fax: 062/ 393 017 1
www.sgqt.ch

Schweizerische Homöopathie Gesellschaft SHG/ SGKH
Postfach 1050
8134 Adliswil
www.homoeopathie.org

Bücher, die weiterhelfen

Akupressur. Gondrom 2001.

Alles in Balance! Die vitale Säure-Basen-Küche. Gondrom 2004.

Autogenes Training. Gondrom 2001.

Das Wohlfühl- und Gesundheitsbuch für Frauen. Gondrom 2004.

Fit und gesund mit Massage. Gondrom 2001.

Fruchtig-Frische Muntermacher. Smoothies & Shakes & Säfte. Gondrom 2004.

Johanniskraut. Grondrom 2002.

Kneippen. Gondrom 2002.

Licht für die Seele. Gondrom 2004.

Massage. Gondrom 2004.

Mit Genuss entschlacken. Rezepte für Schwung und Vitalität. Gondrom 2004.

Neue Energie für Körper, Geist und Seele. Gondrom 2004.

Qigong. Gondrom 2004.

Reflexzonenmassage Gondrom 2001.

Rückenschule. Gondrom
Sauna. Gondrom 2002.

Schlemmen Sie sich glücklich. Leckereien für ihr Wohlbefinden. Gondrom 2004.

Strahlend schön. Gondrom 2004.

Tai Chi. Gondrom 2001.
Walking. Gondrom 2002.

Yoga und Pilates. Fitness für Körper und Seele. Gondrom 2004.

Register

Bildnachweis

Hugh Arnold 90

Bach Flower Remedies 103

© Carlton Books Ltd 84, 90, 119, 120 / Graham Atkins-Hughes: 1, 8, 14, 35, 39, 41, 45, 54, 56 ol, 58, 61, 85, 94, 96, 110 / Jason Bell: 86, 87, 88 / John Davis: 87 / Catherine Gratwicke: 115 / Alistair Morison: 34, 75 / Lizzie Orme: 43, 91 / Photodisc Carlton: 32, 64 / Polly Wreford: 28, 57 or, 57 ul, 60, 62, 92 ol, 92 ul, 93, 97, 114, 118.

Sean Cook / Marie Claire Health and Beauty / IPC Syndication 80

Flowerphotos 108

Foodpix 69

FPG 21, 26, 36, 42, 56 or, 69

Donna Francesca 82

Getty Images Stone 2-3, 4-5, 6, 11, 12, 16, 23 ur, 25, 31, 38, 44, 46 ur, 49, 56 ul, 59 ur, 63, 66, 67 Mitte, 67 u Mitte, 68 ur, 71, 72, 76-77, 78 ul, 78-79, 81, 98, 100, 101, 102, 105, 106, 107, 109, 112, 117

Imagebank 13, 18, 22, 23 or, 47, 50, 57 ol, 57 ur, 65, 74, 123

PA photos 27

Pictor 10

Wir haben uns bemüht, jeweils Quelle und Copyright-Inhaber aller Bilder korrekt anzugeben. Der Verlag entschuldigt sich für unbeabsichtigte Fehler oder Auslassungen, die in künftigen Auflagen korrigiert werden.

Danksagungen der Autorin

Ohne Unterstützung der folgenden Personen wäre das Schreiben dieses Buchs weitaus weniger vergnüglich gewesen. Mein Dank gilt meinen Verlegern Venetia Penfold und Zia Mattocks und den Mitarbeitern des Carlton Verlages, die Effizienz mit fröhlicher Laune kombinieren. Wie immer war es ein Vergnügen, mit meiner Agentin Teresa Chris zusammenzuarbeiten. Sie gab mir moralische und praktische Hilfe, wo ich sie brauchte. Drs Anand und Anthea Anand gilt mein wärmster Dank dafür, dass sie trotz ihrer vielen Arbeit mein Buch fachlich kommentierten.

Zu Hause fand ich – wie immer – die Unterstützung meines wunderbaren Mannes Denis. Er scheute keinen Zeitaufwand, das Manuskript kritisch zu lesen, dachte sich treffende Bildunterschriften aus und schimpfte nicht, wenn wieder mal ein Wochenende für dieses Buch geopfert werden musste. Er half mir mit seinem spontanen Sinn für Humor über frustrierende Augenblicke hinweg. Für all das gehören ihm mein Dank und meine ganze Liebe. Und meine Katze Samantha muss noch erwähnt werden – sie ist die beste Medizin gegen Stress, die ein Autor haben kann.